UmBau 24
Strategien der Transparenz
Strategies of Transparency
Zwischen Emanzipation und Kontrolle
Between Emancipation and Control

Österreichische Gesellschaft für Architektur
Abteilung für Architekturtheorie TU Wien

UmBau 24
Strategien der Transparenz
Strategies of Transparency
Zwischen Emanzipation und Kontrolle
Between Emancipation and Control

Verlag Anton Pustet

Sponsoren
Wir danken Institutionen und Unternehmen

A-NULL BAUPHYSIK GMBH
ArchiPHYSIK – die führende Bauphysiksoftware-Lösung – steht für Entwicklung, Validierung und Integration bauphysikalischer Berechnungen, Darstellungen und Services.
A-NULL BAUSOFTWARE GMBH
Der IT-Lösungspartner – Software-Vertrieb, Consulting, Customizing – für Architekten, Bauplaner, Bauphysiker und Inneneinrichter.
- 1050 Wien | Straußengasse 16
  Telefon (+43-1) 586 86 10-0 | Fax 586 86 10-22
  www.a-null.com | www.archiphysik.at

ATP ARCHITEKTEN UND INGENIEURE
Innsbruck, Wien, München, Frankfurt, Zagreb, Schweiz
- 6010 Innsbruck | Heiliggeiststraße 16
  Telefon (+43-512) 53700
  www.atp.ag

BOGNER EDELSTAHL
Dimensionen eines starken Materials: Ästhetik, Charakter, Vielfalt, Funktionalität, Sicherheit, Präzision und High-Tech.
Unser modernes Netzwerk macht mehr aus Stahl.
- 1100 Wien | Davidgasse 87–89
  Telefon (+43-1) 601 86-0 | Fax 601 86-469
  www.bogner.co.at

BUNDESIMMOBILIENGESELLSCHAFT M.B.H.
Baukünstlerische und funktionelle Qualitätsmaßstäbe zu setzen bleibt unsere Herausforderung im Spannungsfeld zwischen kultureller Verantwortung und ökonomischen Möglichkeiten.
- 1031 Wien | Hintere Zollamtsstraße 1
  Telefon 05-0244-0
  www.big.at

BUNDESKAMMER DER ARCHITEKTEN UND INGENIEURKONSULENTEN
Bundessektion Architekten
- 1040 Wien | Karlsgasse 9
  Telefon (+43-1) 505 17 81-0 | Fax 505 10 05
  http://architekten.arching.at

KAMMER DER ARCHITEKTEN UND INGENIEURKONSULENTEN FÜR WIEN, NIEDERÖSTERREICH UND BURGENLAND
Kreativität, Unabhängigkeit, Effizienz: Unsere Leistungen beruhen auf qualifizierter akademischer Ausbildung und anspruchsvoller Berufsprüfung.
- 1040 Wien | Karlsgasse 9
  Telefon (+43-1) 505 17 81-0 | Fax 505 10 05
  www.wien.arching.at

SCHINDLER AUFZÜGE UND FAHRTREPPEN GMBH
Ihr Partner für die Planung und Ausführung von Aufzügen, Fahrtreppen und Fahrsteigen.
Die neuen Aufzugsgenerationen von Schindler bieten maßgeschneiderte und revolutionäre Lösungen für den Menschen von heute mit den Wünschen von morgen.
- 1100 Wien | Wienerbergstraße 21–25
  Telefon (+43-1) 60 188-0
  www.schindler.at

Förderer
Wir danken Architektur- und
Planungsbüros sowie Privatpersonen

henke und schreieck Architekten
- 1070 Wien | Neubaugasse 2/5
  www.henkeschreieck.at

Architekt Prof. DI Ernst Hoffmann
- Ziviltechniker G.m.b.H.
  1020 Wien | Friedensgasse 2
  www.e-hoffmann.at

kopper architektur
- 1200 Wien | Wallensteinplatz 3–4
  www.kopperarchitektur.at

arch di günter lautner
- 1050 wien | schönbrunner straße 84
  www.lautner.cc

Kurt Lichtblau | Konrad Spindler Architekten ZT-OEG
- 1090 Wien | Porzellangasse 13/15
  www.lichtblauspindler.at

Architekt Podsedensek ZT GmbH
- 1060 Wien | Linke Wienzeile 4
  www.podsedensek.at

Architekt Walter Stelzhammer
- 1070 | Neustiftgasse 68/23c
  www.architekt-stelzhammer.at

und allen Spendern
- die nicht genannt werden wollen

Christian Kühn
11 **Vorwort**

Robert Temel
12 **Wiener Wohnbau 2008**

Wiener Wohnbaustadtrat Michael Ludwig
im Gespräch mit Robert Temel
15 **Keine Wohnung von der Stange**

Christian Kühn
21 **Unruhe im Wohnbauland**

Maja Lorbek
34 **Architektur und Forschung:**
Zukunftsfähige Strategie für Baukunst?

Anita Aigner
39 **Man kommt wunderbar ohne die Begriffe »Wissenschaft« und »Forschung« aus**

Christian Kühn
41 **Nachrufe**

Reinhard Braun
46 **Transparenz als Zirkulation von Ideologie**

Sabine Bitter, Helmut Weber
49 **Bronzeville**

Christian Teckert
64 **Sprünge im Glas**
Transparenz – Strategien der Sichtbarkeit in der Architektur

Tom Holert
76 **Sichtbeton**
Wege des Transparenzgebots

Oksana Bulgakowa
100 **Eisensteins Glashaus und sein kugelförmiges Buch**

Annette Fierro
118 **Engaged Facades and Resigned Ideologies:**
Street Theatricality in Richard Rogers' London

Jörg H. Gleiter
140 **Die Krise des Realen**
Japans virtuelle Materialität

152 **Biografische Daten**
Bildnachweis
Backlist

Christian Kühn
Vorwort

Nachdem sich der UmBau in seiner letzten Ausgabe mit dem Diffusen befasst hat, geht es diesmal um Transparenz. Im Begriffsarsenal der Architektur des 20. Jahrhunderts nimmt Transparenz eine hervorragende Stellung ein. Als »Durchschaubarkeit« war sie das präferierte architektonische Mittel zur Umsetzung jenes Programms, das Max Weber als zentral für die Moderne diagnostiziert hatte: die Entzauberung der Welt. So fragwürdig dieses Programm schon bei Weber dargestellt war, so ambivalent entwickelte sich auch der Begriff der Transparenz in der Architektur. Während er anfangs Aufklärung und die Aufhebung von Grenzen bezeichnet, steht er später für Ausgeliefertsein und Kontrolle. In dem von Christian Teckert kuratierten und ab Seite 64 eingeleiteten Teil des UmBau geht es daher vorrangig um eine Architekturgeschichte des Sehens und der Sichtbarkeit, an deren vorläufigem Ende die Angst, beobachtet zu werden, abgelöst wird von der Sorge, dass niemand zusieht.

Im aktuellen Teil des UmBau steht das Thema Wohnbau im Mittelpunkt. Vor dem Hintergrund von Versuchen, im geförderten Wohnbau Energie- und Baukosten gegen »die Architektur« auszuspielen, publizieren wir Materialien zum Wiener Wohnbau: ein Interview mit dem neuen Wohnbaustadtrat Michael Ludwig, eine Analyse der aktuellen Förderungspraxis und vier aktuelle Beispiele, die unterschiedliche Positionen markieren.

Neben den Nachrufen und dem Fotoessay, der diesmal von Sabine Bitter und Helmut Weber stammt, finden sich im aktuellen Teil zwei Beiträge zum Thema Architekturforschung, die sich auf eine aktuell im ÖGFA-Vorstand geführte Debatte beziehen. Gibt es neben den Geistes- und Ingenieurwissenschaften mit ihren etablierten Methoden auch spezifische Architekturwissenschaften, die aus der Praxis des Entwerfens und Planens hervorgehen? Die neue »scientific community«, die gerade in diese Richtung aufbricht, hat Unterstützung jedenfalls verdient.

Robert Temel
Wiener Wohnbau 2008

Wiener Wohnbauten, die Wohnbauförderung erhalten, egal ob sie durch private oder genossenschaftliche Bauträger errichtet sind, werden entweder im Rahmen eines Bauträgerwettbewerbes oder durch den Grundstücksbeirat begutachtet.

Bauträgerwettbewerbe werden für Projekte ab etwa 200 Wohnungen vom Wohnfonds Wien durchgeführt. Dazu reichen Bauträger zusammen mit Architekten ihre Projekte ein, die in wirtschaftlicher, ökologischer und architektonischer Hinsicht von einer Jury begutachtet werden, deren Zusammensetzung kaum variiert. Diese Vorgangsweise führt zu sehr genau ausgearbeiteten Projekten, legt aber die Schwelle für die Teilnahme auch entsprechend hoch. Insbesondere Architekten, die nur wenig Wohnbauerfahrung besitzen, können kaum teilnehmen, weil sie von den Bauträgern nicht als Partner ausgewählt werden. Das führt dazu, dass einige wenige Wohnbauarchitekten und -bauträger immer wieder zum Zug kommen. Ein weiteres Problem dieser Begutachtungsmethode: Sanktionen für Abweichungen vom prämierten Projekt erfolgten bisher nicht, sodass man bei etlichen Projekten gravierende Differenzen zwischen der architektonischen Qualität des Wettbewerbsprojektes und des ausgeführten Projektes feststellen kann. Der Grundstücksbeirat des Wohnfonds beurteilt diejenigen Projekte, die Wohnbauförderung beanspruchen und auf nicht vom Wohnfonds erworbenen Grundstücken errichtet werden. Die Kriterien sind prinzipiell vergleichbar, auch die Jury ist teils identisch mit der der Bauträgerwettbewerbe. Frei finanzierte Wohnbauten in Wien unterliegen demnach keiner Qualitätskontrolle durch einen Gestaltungsbeirat oder ein ähnliches Instrument, wenn sie nicht von so großer stadträumlicher Bedeutung sind, dass sie dem Fachbeirat für Stadtplanung und Stadtgestaltung vorgelegt werden.

Die Basis der Wiener Wohnbauförderung ist die Maximierung der Wohnnutzfläche – verständlich aus der Situation am Beginn der Zweiten Republik, als die Beendigung der Wohnungsnot oberstes Ziel war. Der Bauträgerwettbewerb ist auch ein Versuch, dem andere Kriterien zur Seite zu stellen.

In mancher Hinsicht gelingt das jedoch kaum: Die Wohnflächenmaximierung bedeutet, dass die für funktionierende Stadträume so wichtige Nutzungsmischung kaum eine Chance hat, dass Gebäude nicht nutzungsneutral errichtet werden, dass wohnungsbezogene ebenso wie öffentliche Freiräume nicht im Zentrum des Interesses stehen und die wichtige Schnittstelle zwischen öffentlichem Raum und Wohnhaus, die Erdgeschosszone, vernachlässigt wird. Gerade in jüngster Zeit sind allerdings Anzeichen erkennbar, dass den Verantwortlichen die Bedeutung dieser Aspekte durchaus bewusst ist.

Ähnlich große Aufgaben bestehen im Bereich des Klimaschutzes, dort wurde allerdings in jüngster Zeit viel getan. Der Umfang des zu Leistenden hat zur Folge, dass technokratische, leicht zu administrierende Methoden gewählt werden: So ist das Mittel der Wahl die Bauphysik, die Wärmedämmung des Gebäudeumfangs, und die vielen anderen Maßnahmen, die gleichfalls zur Reduktion des Energieverbrauchs beitragen könnten (Städtebau, Verkehrsplanung, Nutzungsmischung, Gestaltung der Freiräume, Baukörpergliederung, Klimazonen in Gebäuden, passive Sonnenenergienutzung, Flächenoptimierung usw.), werden vernachlässigt.

Der »soziale Wohnbau« in Wien ist längst nicht mehr auf einkommensschwache Schichten ausgerichtet: Neben 220.000 Gemeindewohnungen gibt es in Wien mittlerweile etwa 300.000 andere Wohnungen, die mit Wohnbauförderungsmitteln errichtet wurden, das heißt etwa sechzig Prozent der Wiener Bevölkerung profitieren direkt von der Wohnbauförderung. Die zentrale Zielgruppe ist somit die Mittelschicht, Einkommensschwache werden da eher mitbedacht, als dass sie im Zentrum des Interesses stünden. Das ist verständlich und in mancher Hinsicht auch sinnvoll, um soziale Segregation zu vermeiden. Es bedeutet aber auch, dass die Standards des sozialen Wohnbaus so hoch liegen, dass die Wohnungen für viele unerschwinglich sind. Der Einstiegs-Wohnungsmarkt für viele Zuwanderer beschränkt sich demnach oft auf Substandardwohnungen westlich des Gürtels (es gibt nach wie vor mehr als 45.000 Wohnungen ohne Bad und WC).

Aufgrund des erwarteten Bevölkerungswachstums in Wien während der nächsten Jahrzehnte, das zum überwiegenden Teil durch Immigration entsteht, sind Fragen der Integration und der Segregation zentral für den Wiener

Wohnbau. Die Wohnbaupolitik beschränkt sich diesbezüglich bisher einerseits auf die Mischung von geförderten und frei finanzierten Wohnungen im selben Gebäude und andererseits auf eine Handvoll Pilotprojekte des »interkulturellen Wohnens«. Auch als Reaktion auf die Stadtflucht startete Wien vor einigen Jahren ein Wohnbauprogramm unter dem Titel »Neue Siedlerbewegung« beziehungsweise »Wohnen im Grünen«, das durch ein attraktives Angebot an wohnungsbezogenen Freiräumen glänzt. Die Vorteile gegenüber dem Einfamilienhaus im Speckgürtel sind jedoch eher graduell als grundsätzlich: Hier wie dort findet man geringe Dichte, Erschließung durch Pkw statt hochrangigen öffentlichen Verkehr, Zersiedelung von Grünland und die Notwendigkeit, viel teure Infrastruktur für relativ wenige Wohnungen bereitzustellen. Das positive Gegenbeispiel sind die Gemeindebauten der Zwischenkriegszeit und der ersten Jahrzehnte nach dem Zweiten Weltkrieg. Damals war noch die Kombination von dichtem Geschosswohnbau mit großzügigen Grünräumen auch im innerstädtischen Kontext möglich, heute wird meist extrem dicht und ohne viel Augenmerk für den Freiraum gebaut. Damit hängt auch die Konzentration auf den großen Maßstab zusammen: große Baulose, große Bauträger, große Bauunternehmen. Stadtrat Michael Ludwigs Andeutung hinsichtlich kleinteiligerer Planung könnte hier ein Hoffnungsschimmer sein, bessere Planung und mehr Vielfalt zu erreichen – was gerade auch deshalb interessant ist, weil eine solche Ausrichtung Baugruppenprojekten zugute käme. Wien besitzt eine große Tradition des partizipativen Wohnbaus, die aber mittlerweile fast zum Erliegen gekommen ist. Partizipation in einem umfassenderen Sinne findet stets in Form von Pilotprojekten statt, eine Kultur der Partizipation, wie es sie in Städten wie Hamburg oder Tübingen gibt, konnte in Wien nie erreicht werden. Dementsprechend muss man leider feststellen, dass – trotz der fraglos hohen Qualität des Wiener sozialen Wohnbaus – innovative Projekte oft trotz, nicht wegen der städtischen Wohnbaupolitik entstanden sind. Ein aktuelles Versuchsfeld, an dem sich zeigen könnte, dass dieser Befund heute nicht mehr stimmt, ist das Flugfeld Aspern. Man darf gespannt sein.

Wiener Wohnbaustadtrat
Michael Ludwig im Gespräch
mit Robert Temel
Keine Wohnung von der Stange

Robert Temel: Prognosen sagen, dass Wien bis 2035 auf über zwei Millionen Einwohner anwachsen wird, zu einem großen Teil durch Zuwanderung. Spielt das eine besondere Rolle für die Strategie des Wiener Wohnbaus?

Michael Ludwig: Tatsächlich ist es so, dass die Bevölkerung zunimmt. Sie haben einen Grund angesprochen, das ist die Zuwanderung, die sich aktuell verändert: Die Zuwanderung aus Nicht-EU-Staaten nimmt ab, die EU-Binnenwanderung nimmt zu. Das hat Auswirkungen auf den Wohnbau, verschiedene soziale Gruppen sprechen auf verschiedene Wohnformen an. Es macht einen Unterschied, ob das Großfamilien aus Anatolien oder Einzelpersonen aus Deutschland sind, die unterschiedliche berufliche und soziale Qualifikationen haben.

Ein besonders positiver Grund für die Bevölkerungszunahme ist, dass die Menschen älter werden und länger in ihrer eigenen Wohnung bleiben. Um dieser gesellschaftspolitischen Entwicklung Rechnung zu tragen, wollen wir neue Formen des Zusammenlebens unterstützen. Wir machen Wettbewerbe zum generationenübergreifenden Wohnen und Versuche mit Seniorenwohngemeinschaften.

Und es gibt gesellschaftliche Gründe, warum mehr Wohnraum benötigt wird, etwa weil mehr Ehen geschieden werden, die Fluktuation und Flexibilität in Beziehungen nehmen zu. Wir versuchen deshalb, mehr Single-Wohnungen zur Verfügung zu stellen. Diese Entwicklungen fordern den Wohnbau massiv. Nachdem ich mir vorgenommen habe, meine Tätigkeit unter der großen Überschrift »keine Wohnung von der Stange« durchzuführen, versuchen wir Wohnungen anzubieten, die heutigen Lebenssituationen gerecht werden.

RT: Insgesamt kann man wohl sagen, dass Zuwanderer im Durchschnitt geringere Einkommen haben. Zuwanderung ist immer auch eine soziale Frage. Hat der Wohnbau auch eine Funktion als Mittel gegen soziale Segregation?

ML: Wir versuchen in Wien, keine Konzentration von bestimmten Menschen mit ähnlicher sozialer Struktur entstehen zu lassen. Ich bin gegen Ghettos von sozial Schwachen, aber auch von Reichen, gegen Ghettos von Älteren oder Jugendlichen. Eine spannende Stadt ist im Dialog mit allen sozialen Gruppen, daher wollen wir eine sinnvolle soziale Durchmischung. Wir machen dort, wo es gewachsene Bausubstanz gibt, wie entlang des Gürtels, eine Sanierungsoffensive. Wir wissen, dass sich in diesen abgewohnten Vierteln sozial schwächere Gruppen konzentrieren, deshalb wollen wir zweierlei erreichen: Durch Sanierungen jenen, die jetzt dort wohnen, das auch in Zukunft ermöglichen, aber wir versuchen diese Viertel auch so zu attraktivieren, dass sie für kaufkraftstärkere Gruppen interessant werden. So entsteht eine sinnvolle soziale Durchmischung und wir beleben die Nahversorgung.

RT: Die Wohnbauleistung muss also gesteigert werden – droht da nicht die Gefahr, dass die Qualität sinkt, wenn man an Diskussionsbeiträge wie den Wunsch des GBV-Obmanns Karl Wurm nach »billigerer« Architektur denkt?

ML: Ich glaube, Karl Wurm hat nicht billigere Architektur verlangt, sondern dass sich die Architektur stärker an ökonomischen Kennzahlen orientiert. Ich sehe keinen Widerspruch zwischen Wirtschaftlichkeit und Architektur: Gute Architektur orientiert sich nicht nur an ästhetischen Kriterien, sie wird auch den sozialen Bedürfnissen der Bewohner gerecht. Architektur mit herausragender Ästhetik ist sinnlos, wenn die Leute sich das nicht leisten können. Wir sehen, dass die Baukosten in den letzten Monaten rapid gestiegen sind. Erst kürzlich war ich bei einer Präsentation in der Wirtschaftskammer, wo die Kammer, die Bauinnung und zwei Institute der TU gemeinsam einen Kriterienkatalog vorgelegt haben, der es ermöglicht, kostengünstiger zu bauen. Das wird nicht 1:1 umsetzbar sein. Aber die Beschäftigung damit, wie man kostengünstig und architektonisch hochwertig bauen kann, ist heute wichtig. Niemand will zurück zu Emmentalerbauten, aber es ist auch zu hinterfragen, welche architektonischen Leistungen gefordert sind. Ich bin ein großer Bewunderer jener Architekten, die ihre Konzepte mit sozialen Fragen kombinieren.

RT: In Wurms Vorstoß kann man ja auch die Idee hineininterpretieren, dass ein Wohngebäude nur zum Wohnen da ist und man sich weniger um seine Funktion in der Stadt zu kümmern braucht – Stichwort Erdgeschosszonen und Bezug zum öffentlichen Raum. Die Wohnbauförderung hatte immer möglichst viel Wohnfläche als Ziel. Wäre es nicht Zeit für eine Weiterentwicklung, bei der auch andere Ziele wichtiger werden?

ML: Ja, ich glaube schon. Wir stehen großen Herausforderungen in den Stadterweiterungsgebieten, aber auch in älteren Gebieten, die neu zu entwickeln sind, gegenüber. Wir müssen uns bemühen, den Stadterweiterungsgebieten ein eigenes Gesicht zu geben. Vielleicht konzentriert man sich manchmal zu stark auf das Einzelobjekt und sieht zu wenig das Gesamtgebiet. Da sehe ich große Herausforderungen für Architekten, aber auch für die bisher zu wenig einbezogenen Landschaftsplaner. Man könnte etwa Freiraum nicht getrennt für jede Anlage entwickeln, sondern großzügiger fassen. Das erfordert die Zusammenführung mehrerer Bauträger. Es gab bereits Versuche, etwa im Kabelwerk, wo einige Bauträger gemeinsam ein Gebiet entwickelt haben.

Wir sollten versuchen, kleinteiliger zu werden. Ein bunteres Erscheinungsbild entsteht dadurch, dass mehrere Bauträger mit kleineren Baulosen zusammenarbeiten, was den Vorteil hätte, dass nicht nur große Baufirmen beauftragt werden können. Das könnte ein Signal für das Baugewerbe, für KMUs sein.

Eine weitere Gruppe sollte man stärker berücksichtigen, nämlich die jungen Architekten. Man muss Ausschreibungsmodalitäten finden, damit nicht immer nur ein paar wenige klingende Namen zum Zug kommen, sondern auch junge, nachstrebende Architekten Chancen erhalten. Ich orte bei den Bauträgern durchaus Interesse. Es ist nur die Frage, wie man die beiden Seiten zusammenbringt. Ich kann mir eine Informationsmesse vorstellen, wo informelle Begegnung und der niederschwellige Austausch möglich sind.

Wir haben kürzlich einen Bauträgerwettbewerb für junge Architekten gemacht, davon hatte ich mir viel erwartet. Die Siegerprojekte sind durchaus interessant, aber sie unterscheiden sich nur wenig von dem, was vorher gebaut wurde. Solange man die Rahmenbedingungen nicht verändert, werden wohl keine gravierend anderen Vorschläge kommen. Ich bin bereit, darüber nachzudenken, mit welchen Zugängen das Korsett ein bisschen geöffnet werden kann, um zu neuen Ideen zu kommen.

RT: Gehen wir zum Thema Flugfeld Aspern. Für dort gibt es anspruchsvolle Pläne: hochwertige Erdgeschossnutzungen, Nutzungsmischung und vieles mehr sind geplant. Sind angesichts des derzeitigen hohen Kostendrucks im Wohnbau solche zusätzlichen Aufwände überhaupt möglich?

ML: Ja, auf jeden Fall, wir adaptieren derzeit die Möglichkeiten. Ich habe vor Kurzem die Neubauverordnung vorgestellt, wo die förderbaren Höchstgrenzen angehoben wurden, das heißt wir haben mehr Geld zur Verfügung gestellt, das teils an wichtige Themen gebunden ist, besonders beim Klimaschutz. Wir haben seit mehr als zehn Jahren Niedrigenergiestandard verpflichtend im geförderten Wohnbau und machen jetzt den nächsten Schritt Richtung Passivhaus. Wir haben aber auch andere Schwerpunkte wie beim altersgerechten Wohnen und der Barrierefreiheit. Und es gibt erstmals ein Fördersystem für Balkone, Loggien, Terrassen, die früher nicht gefördert wurden.

RT: Die Wohnbauförderung ist auch Steuerungsinstrument für den Klimaschutz. Dabei geht es vorrangig um Wärmedämmung. Gerade der Städtebau bietet aber zusätzliche Möglichkeiten für den Klimaschutz, Stichwort Stadt der kurzen Wege, Reduktion des Flächenverbrauchs. Ist das ein Thema bei der Wohnbauförderung?

ML: Ich bin sehr froh, dass wir die Wohnbauförderung haben. Die damalige ÖVP-BZÖ-Regierung hat ihre Abschaffung diskutiert. Diese Argumentation ist vor allem von den Bundesländern gestützt worden, die diese Fördermittel nicht wie Wien ausschließlich für Wohnbau ausgeben. Wir verwenden nicht nur alle Mittel, die wir vom Bund für die Wohnbauförderung bekommen, für Wohnbau, sondern legen selbst noch über hundert Millionen Euro dazu. Es ist eine große Herausforderung, in einer attraktiven Millionenstadt wie Wien leistbaren Wohnraum zu bieten.

Die Klimaschutzmaßnahmen haben da eine große Bedeutung, wir haben mit thermischer Wohnhaussanierung einen besonderen Schwerpunkt. Ich glaube, dass wir einen wichtigen Beitrag zur Einhaltung des Wiener Klimaschutzprogramms leisten. Aber Sie haben recht, es geht auch darum, wie man beispielsweise Strukturen finden kann, damit die Menschen Arbeit und Wohnen kombinieren können, da haben wir auch schon Projekte realisiert wie die Compact City.

RT: Wien wächst, aber der Speckgürtel wächst noch stärker. Stadtflucht ist nach wie vor ein Thema, und mit ein zentraler Grund dafür ist das geringe Angebot an wohnungsbezogenem und öffentlichem Freiraum in der Stadt. Ist das etwas, wo die Wohnbauförderung eine Rolle spielen kann, oder überlastet man sie da?

ML: Man muss da abwägen, damit man auch dem sozialen Gedanken entspricht. Aber ich bekenne mich dazu, dass die Wohnbauförderung für die sozial Schwachen ebenso wie für den Mittelstand und gehobenen Mittelstand verwendet wird. Man kann diese Maßnahmen politisch leichter argumentieren, wenn ein größerer Anteil der Bevölkerung potenziell Nutznießer dieser Förderung ist. Deshalb bieten wir im beengten Raum der Großstadt auch großzügige Wohnformen an: Wir setzen im Rahmen von »Wohnen im Grünen« Projekte mit hohem Eigengrünanteil um, aber man muss sagen, dass solche Projekte hohen Mitteleinsatz erfordern, Grüngebiete zersiedeln und die Anlage teurer Infrastrukturen bedingen. Wir haben aber auch in den Gemeindebauten einen hohen Anteil an Grünflächen, teilweise mit weniger als 50 % verbauter Fläche. Das gibt es teilweise nicht einmal in den Cottagevierteln.

RT: Woran ich vor allem denke ist die Gründerzeitstadt, es gibt ja das einmalige Beispiel des Planquadrats im 5. Bezirk, ein öffentlich zugänglicher Park im Blockinneren. Zwar wird bei Blocksanierungen immer wieder die Zusammenlegung von Hofflächen probiert – aber das gelingt nicht so oft, scheint mir. So etwas würde man sich als Perspektive für die Gründerzeitstadt wünschen. Ganze Blocks für Parks abrasieren geht ja nicht.

ML: Machen wir auch, im 15. Bezirk, in der Nähe der Kirche Maria vom Siege haben wir zwei Häuser abgerissen und machen einen Park im Rahmen einer Blocksanierung. Das wird nicht immer gehen. Aber wir schaffen es oft bei Blocksanierungen, dass wir auch Innenhöfe neu gestalten können. Wir versuchen, Flächenzuwächse durch Dachausbauten mit Abzonungen zu verbinden, damit die Innenhöfe besser belichtet und nutzbarer werden.

Solche Verbesserungen lösen aber das Problem nicht, wie die Höfe zugänglich werden für die Bevölkerung, was ja im Regelfall beschränkt ist. Ich weiß von Projekten, wo die Zugänglichkeit gegeben und schließlich wieder genommen wurde, weil es Konflikte gab. Man muss so etwas zumindest gut begleiten, damit die Anrainer sich nicht bedrängt fühlen.

RT: Österreich und vor allem Wien haben eine große Geschichte des partizipativen Wohnbaus, die in jüngster Zeit fast abgerissen ist, abgesehen von ein paar Ausnahmen. Gleichzeitig haben in Deutschland die sogenannten Baugruppen Konjunktur. Denken Sie, dass Derartiges ein Modell für einen Teil des Wiener Wohnbaus sein könnte, auch wenn Wien eher eine Mieterstadt ist?

ML: Wie Sie richtig sagen, sind die Rahmenbedingungen andere als in Deutschland. Die Förderung in Berlin beispielsweise fließt nur zu 10 % in Neubau und Sanierung, alles andere ist Rückzahlung individueller Darlehen. Ich bin da vorsichtig, weil ich glaube, dass das gemischte System in Wien besser ist. Berlin hat umgestellt auf Individualförderung. Das konzentriert sich auf den Mittelstand, das ist kein Projekt für sozial schwächere Gruppen. Der Nachteil ist, man hat es wenig in der Hand, Innovationen anzugehen. Es stimmt, dass es in Wien gute Erfahrungen mit partizipativen Modellen gibt. Wir starten gerade die dritte Frauenwerkstatt, wo wir einen Frauenverein in die Planung einbezogen haben. Wir machen Ähnliches für spezielle andere Gruppen, der Erfolg der Bike City zum Beispiel ist so groß, dass wir bereits die Bike City 2 planen.

Es gibt wegen der stärkeren Ausdifferenzierung der Wohnwünsche Interesse für Derartiges und wir überlegen, wie man das Bauherrenprinzip in einem Pilotversuch einsetzen könnte. Prinzipiell stehe ich dem sehr offen gegenüber und wir denken über neue Versuche in diese Richtung nach.

Christian Kühn
Unruhe im Wohnbauland

Der Wohnbau galt bis vor Kurzem nicht unbedingt als Dreh- und Angelpunkt der Weltwirtschaft. Seit die Immobilienkrise in den USA die gefährlichsten ökonomischen Turbulenzen seit Jahrzehnten hervorgerufen hat, muss die Welt staunend zur Kenntnis nehmen, dass Investmentbanken und Versicherungen von einem Produkt in den Abgrund gerissen werden, das harmloser nicht erscheinen könnte: das suburbane Häuschen im Grünen. Dass dieses Produkt bei den Banken nur als vielfach transformiertes Abstraktum auftauchte, ändert nichts am Ursprung der Krise: Zu viel Geld wurde an Wohnungssuchende mit zu geringer Bonität verliehen, die in der Hoffnung auf ewig steigende Immobilienpreise in zu große und für sie zu teure Häuser investierten. Es geht dabei nur scheinbar um rein ökonomische Fragen, denn ohne den fundamentalen Zusammenhang des American Dream mit dem eigenen Haus wäre es kaum möglich gewesen, alle Beteiligten in die Autosuggestion verfallen zu lassen, dass dieses Spiel ein gutes Ende nehmen könnte.

Auch die österreichische Wohnbaulandschaft ist nicht frei von Autosuggestionen. Die größte davon ist, dass der Staat über die Wohnbauförderung und das angeschlossene System von Bauträgern unterschiedlichster Art für die optimale Art und Weise sorgt, wie in Österreich Wohnraum geschaffen wird. Eine Autosuggestion ist das deshalb, weil alle Beteiligten von diesem Umstand unerschütterlich überzeugt sind, ohne dafür eine klare Evidenz liefern zu können. Dass sich in Österreich – nach Qualitätsskalen gemessen, die man grob in ökologische, typologische, formale und raumplanerische einteilen kann – exzellenter Wohnbau finden lässt, steht außer Zweifel, dass es viele miserable Beispiele gibt, ebenso. Wie die Verteilung zwischen den Qualitätsstufen aussieht, ist aber weitgehend unklar. Eine bundesweit abgestimmte österreichische Wohnbauforschung gibt es seit der »Verländerung« der Wohnbauförderung Ende der 1980er-Jahre nicht mehr. Während bis dahin ein Teil der Mittel für innovative Projekte und Forschung zweckgebunden war, wurde die Wohnbauforschung seither in allen Bundesländern drastisch reduziert und ist teilweise ganz

Ansicht vom
Bednar Park

Wohnen am Bednar Park
Entwurf:
Baumschlager Eberle
Bauträger: BAI
215 Wohneinheiten,
frei finanziert

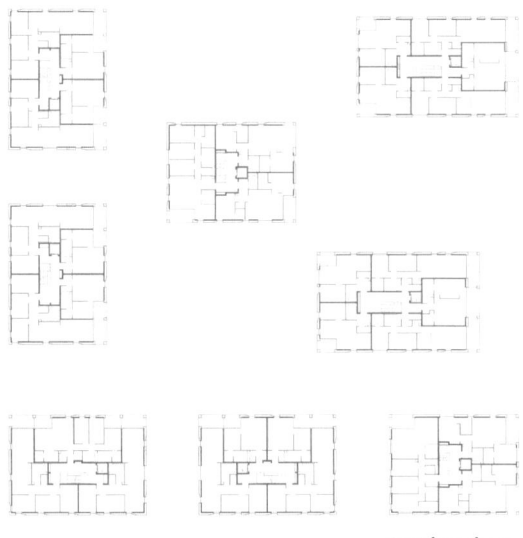

Regelgeschoss

Lageplan

zum Erliegen gekommen. Man hat den Eindruck, dass die beteiligten Akteure lieber nicht so genau wissen wollen, wie effizient und effektiv die öffentlichen Gelder eingesetzt werden, die hier im Spiel sind.

Die prästabilisierte Harmonie des österreichischen Wohnbaus hat jedoch kürzlich deutliche Risse bekommen. Im April 2008 erregte der Obmann des Verbands gemeinnütziger Wohnbauvereinigungen Karl Wurm Aufsehen mit der Aussage, dass sich im Wohnbau Projekte häufen würden, in denen »Architektur zu aufwendiger Spielerei an den Fassaden« verkommt. Planungen, die sich »auf das Äußere des Gebäudes beziehen würden«, brächten in der Regel keinen spürbaren Vorteil für die Bewohner. Unmittelbarer Anlass für diese Äußerungen mögen die Baupreise gewesen sein, deren Steigerung über die jüngste Anhebung der Wohnbauförderung deutlich hinausgegangen ist. Die tiefere Ursache darf man aber darin vermuten, dass die Mischung zwischen unterschiedlichen Qualitätsniveaus aus der Balance zu kommen beginnt. Eine geringe Anzahl von ambitionierten Projekten verträgt das System problemlos. Allzu große Vorbildwirkung dürfen sie aber nicht entfalten, ohne den Wohnbau innerhalb des heutigen Systems unfinanzierbar zu machen.

Würde es sich dabei wirklich nur um »Spielereien an der Fassade« handeln, wäre die Lösung des Problems tatsächlich so einfach, wie es sich jene Bauträger vorstellen, die Architektur als lästiges Oberflächenphänomen sehen. In Wirklichkeit geht es in der Debatte aber ums Ganze: um Fragen der Wohnungstypologie, um die Angemessenheit von Wohnungsgrößen, um den Freiraumbezug und das Wohnumfeld, und nicht zuletzt um eine ökologische Gesamtbetrachtung jenseits einer Verringerung des Heizwärmebedarfs. Die im Folgenden vorgestellten Projekte zeigen das Spannungsfeld, in dem derzeit Antworten auf diese Fragen gesucht werden.

Das eine Ende des Spektrums bilden die von Baumschlager Eberle für die BAI (Bauträger Austria Immobilien) entworfenen Wohntürme am Bednar Park im 2. Bezirk auf dem Areal des ehemaligen Nordbahnhofs. Effizienz, also das Erreichen des größtmöglichen Effekts mit dem geringstmöglichen Aufwand, ist der Leitbegriff dieses Projekts. Die Grundrisse der acht Türme mit insgesamt 215 Wohnungen sind um je einen massiven Kern organisiert, der als zentrale Erschließung bis zu fünf Wohnungen pro Geschoss versorgt. Leichte Außenwände aus Stahlstützen und vorgesetzten Fertigteilelementen aus gefärbtem und ornamentiertem Beton bilden die Außenwände. Die kompakte Lösung erleichtert die Erreichung eines Passivhausstandards, nicht nur durch das gute Verhältnis von Volumen zu Oberfläche, sondern auch durch eine Grundrisstypologie, die eine kostengünstige Integration der Haustechnik ermöglicht. Effizient ist das Projekt schließlich auch in der Planung und Ausführung. Die Geschosse sind weitgehend ident und verzichten auf jede Komplexität in der vertikalen Verbindung. Baumschlager Eberle plädieren – nicht zuletzt aus Gründen der Nachhaltigkeit – für nutzungsneutrale Grundrisse, die von der Wohnung bis zum Büro oder Hotel verschiedene Funktionen aufnehmen können. Gestalterisch will diese Architektur nicht mehr, als eine von einer möglichst breiten Bevölkerungsschicht als schön akzeptierte und damit auch ästhetisch langlebige Hülle zu bieten. In ihrer Neutralität kommuniziert sie das utilitaristische Prinzip des »größtmöglichen Glücks für die größtmögliche Zahl«, an dem sich schon der Wohnbau der Nachkriegszeit auf dem damals finanziell leistbaren und technisch machbaren Niveau auszurichten versucht hatte.

 MVRDV loten dagegen bei ihrem Wohnbau in der Donau City das Spannungsfeld zwischen Individualisierung und Standardisierung aus. Das Projekt gleicht einem dreidimensionalen Tetris-Spiel, bei dem jeder Stein eine Wohnung darstellt und die verbleibenden Leerstellen öffentliche Freiräume. Im räumlichen Arrangement der Wohnungs-Steine bieten MVRDV ein Spektrum von Varianten an, die sich zwar alle logisch aus einer generativen Grammatik ableiten lassen, aber zugleich in einigen Fällen beachtlichen subversiven Witz aufweisen, etwa wenn sich eine Wohnung über drei Geschosse um eine kleine Garconniere im Zentrum herum entwickelt. Ob der Bauherr imstande ist, dieses Spiel bis zum Ende mitzuspielen, ist noch offen: Aus ökonomischen Gründen spielen Bauträger Tetris am liebsten mit einfachen Steinen und dem Ziel einer möglichst lückenlos gefüllten Kubatur.

Während MVRDV die harten Rahmenbedingungen des Wohnbaus scheinbar akzeptieren, um sie dann ins Irrationale zu überdrehen, arbeitet Walter Stelzhammer an einer schrittweisen Qualitätsverbesserung innerhalb des Systems. Seine 170 Wohnungen auf dem Areal der Wilhelm-Kaserne, sind in drei Trakte mit sechs Treppenhäusern aufgeteilt, die jeweils ein eigenes Kapitel aus einem Lehrbuch für Wohnbau darstellen könnten. Zwei davon – Maisonetten mit Laubengang und Maisonetten nach dem Vorbild der Unité d'Habitation, aber mit kürzeren und besser belichteten Innengängen – sind alte Bekannte. Der dritte Trakt ist eine echte Innovation: Stelzhammer ordnet hier die Wohnungen so um ein zentrales Treppenhaus an, dass ein Teil der Wohnungen höhere Wohnräume erhält. Er vermeidet dabei doppelt hohe Räume, sondern legt die Raumhöhe bei 3,9 m fest, nicht nur aus Gründen der Wirtschaftlichkeit, sondern auch, um bessere Raumproportionen zu erhalten. Das konstruktiv höchst anspruchsvolle räumliche Puzzle, das dabei entsteht, vermittelt sich in der Fassade nur dezent als Spiel horizontaler Linien.

ARTEC arbeiten bei ihrem Wohnbau in der Tokiostraße mit einem Innenhof, der an den beiden Längsseiten von übereinander gestapelten Wohnhaustypen begrenzt wird, die man in dieser Form sonst nur zu ebener Erde vorfindet: Hofhaus, Reihenhaus und Kleingartenhaus sitzen einander auf den Schultern wie die Bremer Stadtmusikanten. Den Sockel für diese akrobatische Übung bilden Lofts mit 4,5 m Raumhöhe und eingezogenen Schlafgalerien. Diesen Lofts ist im Erdgeschoss jeweils ein kleiner Eigengarten im Hof zugeordnet. Die nächste Schichte bildet ein Maisonettetyp mit einem großen Wohn- und Essraum im unteren Geschoss, der sich zu einer Loggia und einem kleinen Gartenhof erweitert. Die Schlafräume liegen im oberen Geschoss. Durch Trennwände zwischen den Einheiten bleibt die Privatheit in den Höfen weitgehend erhalten. Die nächste Maisonetteschicht ist als Reihenhaus mit Terrasse konzipiert. Darüber liegen die Kleingartenhäuser, auch sie sind zweigeschossig, allerdings nur knapp über 70 m² groß. Allen Wohnungen sind private Freiflächen zugeordnet, die je nach Typ zwischen 20 und 24 m² Garten, Terrasse oder Loggia aufweisen.

Wohnbau Donau City
Entwurf: MVRDV
Bauträger: BAI
200 Wohneinheiten,
gefördert und
frei finanziert

EG

Maisonette OG

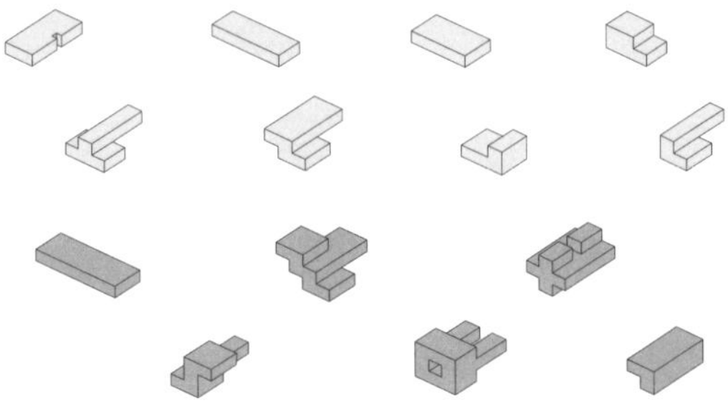

Wohnungstypologie

Nach Westen wird die Anlage durch einen Trakt mit Geschosswohnungen ergänzt, die so gegeneinander versetzt sind, dass ihre Loggien jeweils die doppelte Raumhöhe erhalten. Trotz der großen Tiefe der Loggien ist dadurch eine gute Belichtung der dahinterliegenden Räume möglich. Zwischen dem Trakt mit den Geschosswohnungen und den gestapelten Haustypen entsteht eine von oben belichtete Halle, über die sämtliche Wohnungen erschlossen werden. Korrespondierend zur Halle finden sich auf der gegenüberliegenden Seite des Hofs witterungsgeschützte Laubengänge. Für die 95 Wohnungen ergibt sich damit eine sparsame Erschließung mit vier Stiegenhäusern und drei Liften.

Den Loggien auf der Westseite haben ARTEC ein Element vorgesetzt, das Karl Wurm in die Kategorie »Spielereien an der Fassade« einordnen würde. Formrohre aus Stahl bilden eine geometrisch komplexe Figur, die durch Bepflanzung mit Glyzinien einen grünen Filter zum Straßenraum bilden wird. Als gezielter Kontrapunkt zur orthogonalen Ordnung der Wandöffnungen dahinter ist diese Figur ein Spiel, aber keine Spielerei, ein skulpturaler Beitrag zum Thema Fassade, das im dicht bebauten Stadtraum alles andere als überholt ist. So wie in den hoch verdichteten Stadtvierteln des 19. Jahrhunderts ist die Fassade auch hier nicht nur raumbildendes Element des Straßenraums, sondern zugleich der eigentliche Abschluss der Wohnungen auf der anderen Straßenseite, gewissermaßen ein Geschenk an die Nachbarn. Dass Wohnbauträger von Projekten wie diesem beunruhigt sind, verwundert nicht. Sollte dieses Niveau flächendeckend Schule machen, müsste das System der Wohnbauförderung in Österreich wohl neu gedacht werden.

**Wohnbau
Vorgartenstraße**
Entwurf: Walter
Stelzhammer
Bauträger: MIGRA
170 Wohneinheiten,
gefördert

 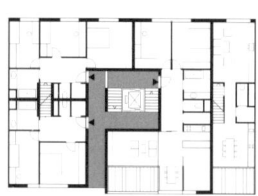

Split-Level-Typologie
mit 1 1/2-geschossigem
Wohnraum

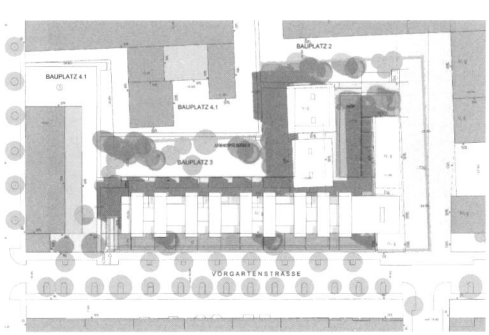

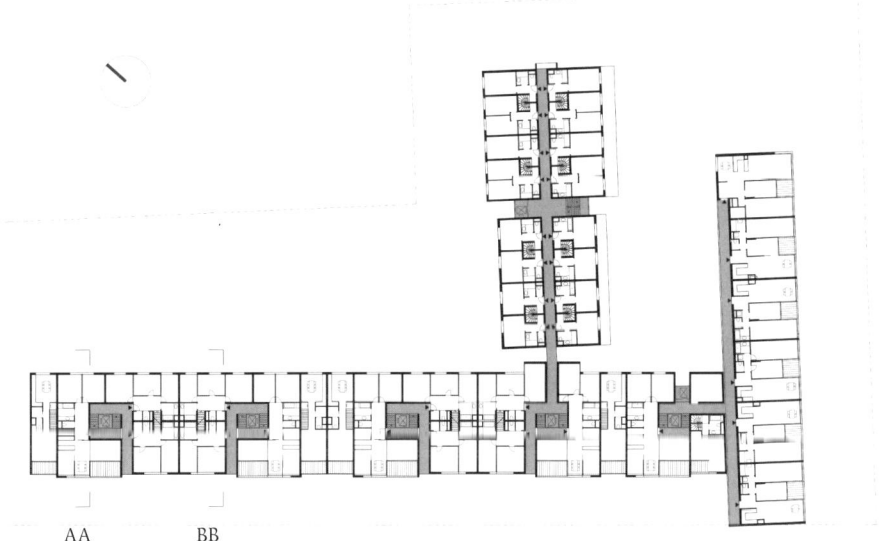

AA BB

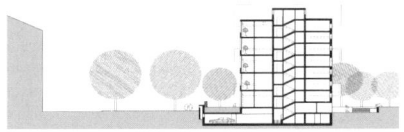

Schnitt AA

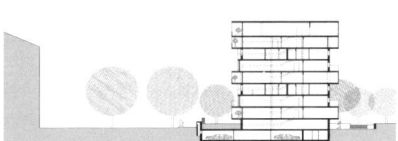

Schnitt BB

**Terrassenhaus
Tokiostraße**
Entwurf:
ARTEC Architekten
Bauträger:
Neues Leben
95 Wohneinheiten,
gefördert

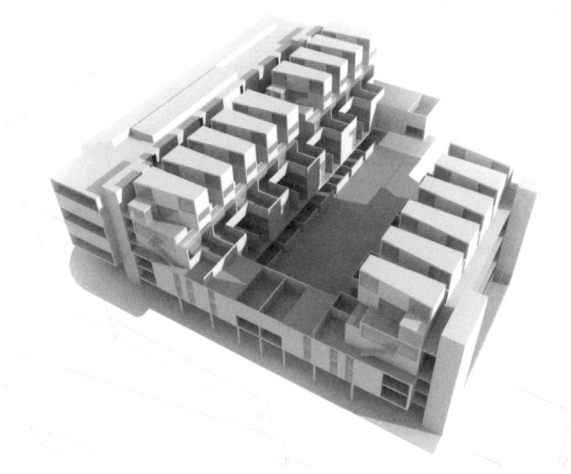

Lageplan

Fassade zur
Tokiostraße

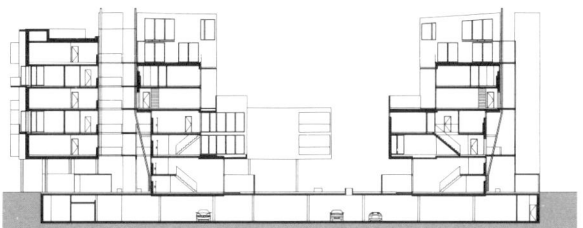

Schnitt

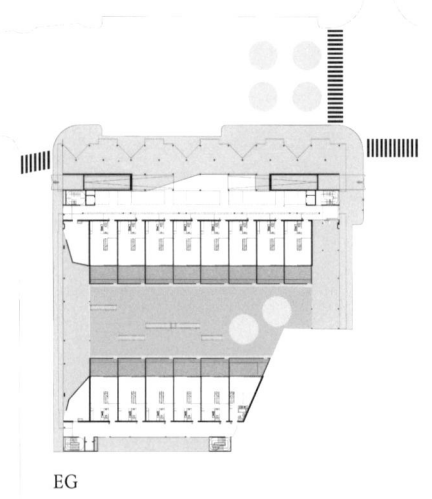

EG

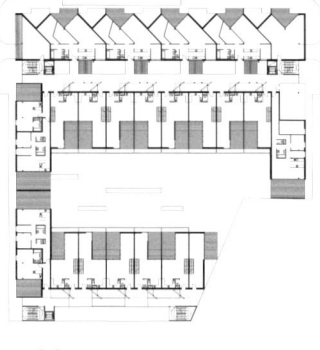

2. OG

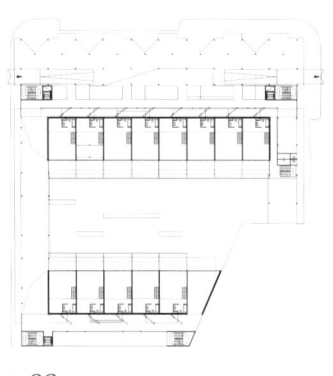

1. OG

3. OG

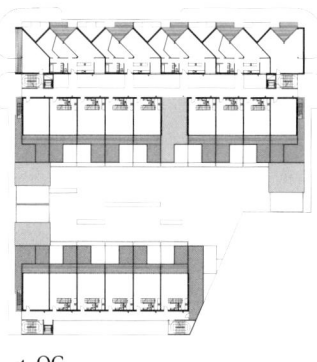
4. OG

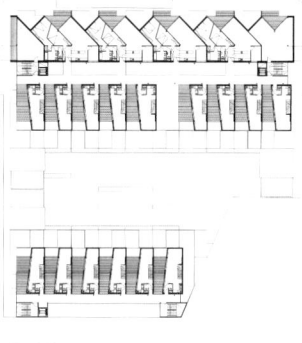
6. OG

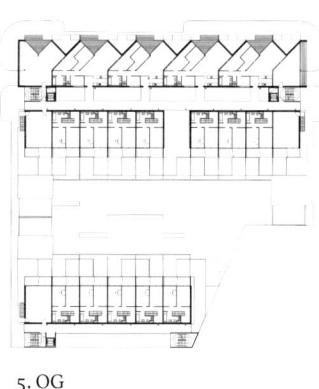
5. OG

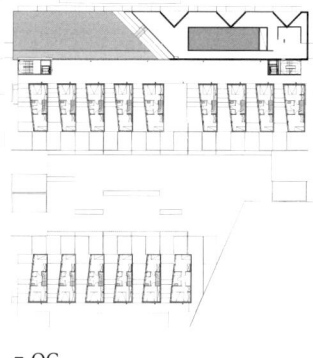
7. OG

Maja Lorbek
Architektur und Forschung: Zukunftsfähige Strategie für Baukunst?

Die Forschung künftig als integralen Teil der Architektur etablieren zu wollen: Damit begibt man sich auf unbestimmtes Terrain. Die Österreichische Gesellschaft für Architektur begann im Frühjahr 2007 mit einer internen wie auch öffentlichen Diskussion über die Materie. Die nachfolgenden Überlegungen und Analysen geben vorwiegend meine eigene Meinung zum Thema wieder, es ist jedoch im Sinne des ÖGFA-Vorstandes, die Frage nach Architekturforschung nun im UmBau zu behandeln.

Die Architektur ist ein unpräzises[1] Genre zwischen den Disziplinen, Traditionen und Berufsfeldern. Bauwerke entstehen heute nicht vorderhand nach ästhetisch-funktionalen Prinzipien. Gebäude sind mehr denn je beeinflusst von Bauphysik, Statik, infrastrukturellen Installationen und nicht zuletzt von Ökonomie und gesetzlich-normativen Rahmenbedingungen. Technik, so Ole W. Fischer, spielt in der Architektur vom Entwurf über die Planung bis zur Umsetzung eine so entscheidende Rolle, dass man die Architektur selbst als eine Kulturtechnik charakterisiert; andererseits wird sie aber nur selten zu einem architektonischen Thema ausformuliert.[2]

Architektur-Machen als Entwerfen ist zuallererst Praxis. Hauptsache *doing*, das *learning* beziehungsweise der Erkenntnisgewinn werden stets etwas verspätet nachgereicht, wenn überhaupt. Die Wissenschaft hingegen hat hohe Ansprüche: an die Präzision, die exakte Beweisführung, die Nachvollziehbarkeit und die Wiederholbarkeit der Resultate. Gebaute Architektur lässt sich nachträglich zwar klassifizieren und typologisieren, allerdings ist die besondere Einzelanfertigung nach wie vor dasjenige, was als gute Architektur verstanden wird. Die Moderne in ihrer »postheroischen« Phase etablierte jedoch auch andere Strategien als die bloße Umsetzung. Die Moderne, damals noch nicht endgültig etabliert als Stil und Haltung, bediente sich freudig an Strategien fordistisch-

[1]
Zufall oder nicht? Das erste Heft der neuen Buchreihe *TheorieBau* im Jovis-Verlag, herausgegeben von Ákos Moravánszky und Ole W. Fischer heißt »Precisions« und widmet sich dem Begriff der Präzision in der Architektur.

[2]
Ole W. Fischer, »Präzisionen zu ›Precisions‹ – Architektur, Kunst und Wissenschaft?«, in: *Precisions, Architektur zwischen Wissenschaft und Kunst*, Ákos Moravánszky und Ole W. Fischer (Eds.), TheorieBau, no. 1 (Berlin, 2008), p. 26.

rationeller Produktionsprozesse, engagiert, naiv und mit humanistischem Anspruch.

Dieses »nachhaltige Versprechen der modernistischen Architektur«, so Mauro F. Guillén, könnte heute noch, wenn man sich dazu entschließen würde, eingelöst werden. Das charakteristisch und eindeutig Moderne an der modernistischen Architektur ist die Überzeugung, dass sich der Architekt mit dem Nutzer und nicht mit dem Auftraggeber befassen soll, mit der Planbarkeit und der Effizienz und der Verbesserung der Lebens- und Arbeitsräume. Die Architektur wurde in der Moderne, so Guillén weiter, neben öffentlich auch moralisch.[3]

Der Gründungsmythos der ÖGFA basiert ebenfalls auf dieser moralisch-humanistischen Idee der Architektur. Die nachheroischen Aspekte der Modernität gelten heute als überholt und ein wenig démodé. Der Stil und die schicke Hülle überdecken oft die rationellen Elemente der Architektur. Das architektonische Konzept, die Grundrissarbeit, die Funktion als Methode basieren auf den Erkenntnissen der Moderne, doch die Forschung, die diese Grundlagen lieferte, wird heute weitgehend vernachlässigt. Handelte es sich damals überhaupt um Architekturforschung?

Architekturschaffende, die an Wettbewerben teilnehmen, sehen Wettbewerbsprojekte als Forschung. Das Missverständnis besteht darin, dass somit alles, was nicht auf sofortige Umsetzung abzielt, eben »Untersuchung« und somit gleich »Forschung« wird. Und doch gibt es exakte Wissenschaften, die die Architektur von den Rändern her formen. Die Gebäudetechnologie, deren Entwicklung gegenwärtig stark von der Bauphysik dominiert ist, basiert auf nachvollziehbaren Berechnungen, Simulationen und Messungen in situ. Allerdings ist anzumerken, dass Architekten hier nur eine marginale Rolle spielen.

Warum Architekturforschung in Österreich nicht beziehungsweise kaum stattfindet, hat mehrere Gründe, und alle sind banal.

Erstens: Forschung oder ein rationell-wissenschaftlicher Zugang ist für die bauenden Architekten nicht wichtig, weil man mit unreinen, traditionellen Baupraxen bestens durchkommt. Es gibt ja keine klaren Kriterien für »gute Architektur«. Funktionalität als Kriterium wurde erfolgreich diskreditiert. Die Ästhetik, auch kanonisiert, ist immer ein wenig subjektiv

[3] Mauro F. Guillén, *The Taylorized Beauty of the Mechanical* (Princeton, 2006), p. 137 [eigene Übersetzung aus dem Englischen].

und|oder modisch. Den viel zitierten »Mehrwert der Architektur« kann niemand stringent definieren. Auch die technischen Aspekte der Umsetzung werden heute zuweilen sträflich vernachlässigt. Die Bauprodukte-Industrie und die wirtschaftlich unter Druck stehenden ausführenden Firmen tun ihr bestes, um die Entwürfe der Architekturschaffenden technisch zu realisieren. Dass damit die Demontage des Architektenberufes einhergeht, ist ein trister Nebeneffekt.

Zweitens: Die Architekturfakultäten in Österreich verfügen über keine Forschungstradition. Die soll nun unter neuen gesetzlichen Bedingungen – von außen – erst etabliert werden. Die Professorenberufungen erfolgen nach wie vor aufgrund des gebauten und nicht des erforschten Oeuvres. Erst seit Kurzem werden gezielt neue Stellen für wissenschaftliche Mitarbeiter geschaffen, die sich neben der Lehre auch der Forschung widmen sollen. Interessant beziehungsweise von ökonomischer Relevanz ist, dass Forschung also zunächst einmal auf der unteren Stufe der akademischen Hierarchie angesiedelt wird. Wenn bis dato an den Architekturfakultäten geforscht wurde, dann weitgehend fernab der Öffentlichkeit. Dissertationen und Habilitationen entstehen in der Regel »nebenbei« und werden dem universitären Alltag, der mit Lehre gefüllt ist, abgetrotzt. Diese Forschung entspringt dem privaten Engagement und dient(e) auch der Absicherung der akademischen Karriere. Die Mittel aus Förderprogrammen für wissenschaftliche und (noch weniger) gewerbliche Forschung wurden und werden von Architekturfakultäten nur minimal in Anspruch genommen. Das hat auch strukturelle Gründe. Die klassischen Förderprogramme des österreichischen Fonds zur Förderung der wissenschaftlichen Forschung (FWF) bezahlen nur für zusätzliche Mitarbeiter, für bereits angestellte Universitätsangehörige gibt es keinen finanziellen Anreiz, Projekte einzureichen. Gerade in der Architektur zählen jedoch realisierte Bauten und nicht unbedingt Publikationen oder Forschungsprojekte als Meilensteine einer erfolgreichen Karriere. Nicht bezahlte Doktorandenstellen sind allerdings nicht architekturspezifisch, sondern insgesamt typisch für Österreich: 75 % aller Doktoranden an österreichischen Universitäten arbeiten neben dem Studium, mehr als ein Drittel (38 %) der Doktorats-Studierenden bekommen keine dissertationsbezogene Förderung. Auch in anwendungsorientierten Förderprogrammen wie zum

Beispiel der bereits abgeschlossenen Programmlinie »Haus der Zukunft« des österreichischen Bundesministeriums für Verkehr, Innovation und Technologie sind leider kaum Projekte mit Beteiligung der Architekturfakultäten vertreten und Wirtschaftsförderprogramme wie *departure* setzen Grundlagenforschung bereits voraus. Architektur als grundsätzlich anwendungsorientierte Disziplin fällt somit genau in eine graue Zone zwischen grundlagen- und anwendungsorientierter Forschung. Für die Architektur als Teil der Künste werden sich künftig aber womöglich neue Fördertöpfe öffnen. Der FWF kündigte an, dass ab dem Frühjahr 2009 für Projekte im Bereich der »Entwicklung und Erschließung der Künste« ein eigenes Förderungsinstrumentarium geschaffen wird.

Leider gibt es kaum etablierte Kooperationen zwischen der Bauprodukte-Industrie und den Architekturfakultäten, von raren Ausnahmen abgesehen, die eine Beteiligung an der gewerblich orientierten Forschungsförderung im Rahmen der Forschungsförderungsgesellschaft (FFG), der nationalen Förderstelle für anwendungsorientierte Forschung, erleichtern würden.

Womit gleich der dritte Grund angeführt werden kann: Auch das Umfeld der Architektur, die Bauindustrie und die Bauprodukte-Industrie, investiert weniger in Forschung und Entwicklung als andere Wirtschaftszweige: »Die Bauwirtschaft ist einer der größten Wirtschaftszweige Österreichs. Die bauausführende Wirtschaft (Bauindustrie, Baugewerbe, Bauhilfsgewerbe) erreicht zusammen mit den vor- und nachgelagerten Branchen der Bauprodukte-Industrie, der Planer und Bauträger sowie der baubezogenen Dienstleistungen gut ein Zehntel der gesamten Wirtschaftsleistung Österreichs. Gleichzeitig ist die Baubranche durch eine besonders niedrige Forschungsquote gekennzeichnet. Investiert die österreichische Wirtschaft insgesamt 2,3 % ihres Produktionswerts in Forschung und Entwicklung, sind dies bei der bauausführenden Wirtschaft ganze 0,03 %. Zusammen mit den vor- und nachgelagerten Branchen werden 0,2 % erreicht.«[4]

Viertens: Wissenschaftliches Arbeiten als Methode sowie die Inanspruchnahme der Förderinstrumente sind Grundvoraussetzungen für die Forschung. Beide Fertigkeiten setzen ein Know-how voraus, das man beim Studium und in der Berufspraxis kaum erwerben kann.

[4] Wolfgang Amann, Stefan Ramaseder, »*Forschungsbedarf in der Bauwirtschaft. Eine Potenzialanalyse*«, http://www.fgw.at/presse/pdf/potenzialanalyse.bauwirtschaft.studie.061025.pdf (Wien, 2006), p. 5.

Und es gibt sie doch, die Architekturforschenden und die Forschung in Österreich. Das Spektrum reicht von klassischer Architekturtheorie bis hin zu Pilotprojekten im Bereich des nachhaltigen Bauens. Wenn man die Biografien der Forschenden untersucht oder das persönliche Gespräch aufnimmt, stellt sich heraus, dass sich immer Gelegenheiten zum Forschen ergaben. Das Interesse daran blieb während der ganzen Berufslaufbahn erhalten. Es gilt also, diese Gelegenheiten bewusst zu schaffen. Die Frage, ob Architekturforschung überhaupt notwenig und kein elitärer Luxus ist, stellt die ÖGFA erst einmal überhaupt nicht. Zukunftsfähige Baukultur braucht mitunter eine gute analytische, evaluierte, durchdachte, konzeptuelle Basis. Eine solche Basis kann nur aufgrund ausgereifter theoretischer Konzepte, die in der Praxis getestet werden und danach im Alltag auch evaluiert werden, entstehen. Nicht zuletzt geht es auch um die Erweiterung der beruflichen Möglichkeiten für Absolventen.

Was also Architekturforschung sein könnte und wird, ist nach wie vor unklar, verfügt über wenig und widersprüchliche Tradition, löst Kontroversen, Verwirrung und Misstrauen aus. Architekturforschung ist somit beides: weder klar definiert noch ausreichend praktiziert. Das aber ist zugleich ihre Chance. Es gilt, und dies ist auch Ziel der ÖGFA, dieses Thema aufzuwerfen, die Diskussion anzuregen, sich selbst zu positionieren, einerseits im Dialog mit Stakeholdern, in diesem Falle Architekturfakultäten, Förderinstitutionen, den wenigen praktizierenden forschenden Architekten, den außeruniversitären Forschungseinrichtungen und andererseits durch Meinungsbildung bei politischen Entscheidungsträgern und gezieltes Lobbying. Wenn wir gegenwärtig die Architekturforschung als Praxis bewusst noch nicht definieren wollen, so können doch ganz klar die Bedingungen für eine Etablierung genannt werden: solide ökonomische Ressourcen für Grundlagenforschung und anwendungsorientierte Forschung, engagierte Akteure, interessierte Öffentlichkeit.

Die Architektur als Feld, Disziplin und vor allem als Raum des Alltags zukunftsfähig zu machen heißt: nichts ausschließen, weder Realisierungen noch Evaluierungen.

Anita Aigner
Man kommt wunderbar ohne die Begriffe »Wissenschaft« und »Forschung« aus

In keiner als Wissenschaft anerkannten Disziplin beginnt man mit der Frage, was Wissenschaft oder Forschung eigentlich ist. Forschung wird *praktiziert*. Der Umstand, dass sich diese Frage überhaupt stellt, ist ein Symptom – dafür, dass etwas nicht (mehr) selbstverständlich ist. Im Feld der Architektur, wo der Status als Disziplin alles andere als gesichert ist, kommt die Frage also nicht von ungefähr. Im Prinzip ist es gut und auch notwendig, dass sie gestellt wird. Einfach, um verschiedene Arbeitsweisen, verschiedene Formen der kulturellen und intellektuellen Produktion zu unterscheiden. Das ist vielleicht auch ihre Grundfunktion. Doch wie bei jeder »Was ist ...«-Frage – die immer ein wenig darauf hinausläuft, wie Wittgenstein in seinem *Blauen Buch* sagt, »nach einem Ding [zu] suchen, das [dem Substantiv] entspricht« – besteht auch hier die Gefahr der Illusion, man könnte von festen Konturen, von einer »Definition« von Wissenschaft ausgehen. In Wirklichkeit liefert die »Was ist ...«-Frage jedoch überhaupt keinen Ausgangspunkt, um Forschung zu *machen*. Außer – und das ist eher ein Sonderfall – die Reflexion mündet in eine Analyse, etwa der Strukturen und der Funktion des intellektuellen Diskurses innerhalb eines praxisorientierten Feldes, dessen Ziel und Aufgabe im Bereitstellen einer besseren Umwelt besteht.

Wenn nun ein Wissenschaftler seine Arbeit einstellt und damit beginnt, über Wissenschaft, über seine Disziplin nachzudenken, dann bewegt er sich bereits in ein anderes Gebiet (professionell betrieben etwa in dem der Wissenschaftsgeschichte, der Soziologie oder der Philosophie der Wissenschaft). Es gibt also einen klaren Unterschied zwischen dem Produzieren von Wissenschaft und dem Diskurs darüber. Wobei natürlich auch der Diskurs über die wissenschaftliche Produktion selbst ein Element in der Gesamtheit der wissenschaftlichen Produktion von Disziplin ist. Ich würde meinen, dass dieser »Sonderfall« von wissenschaftlicher

Produktion für jede Disziplin erstrebenswert ist, und es auch für die Architektur ein durchaus lohnenswertes Unternehmen darstellt, sich der Besonderheiten und Eigenheiten des eigenen Feldes zu vergewissern. Ja, ich bin sogar der Überzeugung, dass diese selbstreflexive Arbeit nicht nur Voraussetzung für jede *bewusste* wissenschaftliche Praxis ist, sondern für *alle* Akteure des architektonischen Feldes (für die Praktiker, die innerhalb und außerhalb des universitären Feldes tätigen Diskurs-Produzenten, die aus anderen Disziplinen kommenden »Immigranten« etc.) den Vorteil hat, besser zu wissen, wo man steht und was man tut. Und im günstigen Fall auch den Effekt hat, die Kommunikation und die Verständnisbedingungen in einem so heterogenen und zu Sprachgewirr neigenden Feld zu verbessern. Ein Arbeitsprogramm? Ja, mal sehen …

Christian Kühn
Nachrufe

I.
Es war einmal eine Stadt, die wollte ein Zeichen setzen.
Anlässlich des 50. Geburtstags der Republik Österreich im Jahr 1969 beschloss die Stadt Wien ein Kinderheim zu errichten, wie es die Welt bisher nicht gesehen hatte: keine Bewahranstalt für »schwer erziehbare Kinder«, sondern ein zur Umgebung hin offenes städtisches Ensemble mit Schwimmbad und Sporthalle, Theater, Post und Café. Schlafsäle sollte es keine mehr geben, sondern Familieneinheiten nach dem Vorbild der SOS-Kinderdörfer, freilich als »Stadt des Kindes« in eine urbane Form übertragen. 1974 wurde eröffnet, bis 2002 war die »Stadt des Kindes« in Betrieb. Ein neues Konzept zur Kinderbetreuung in Wohngemeinschaften, die in »normale« geförderte Wohnbauten integriert sind, hatte alle großen Heime überflüssig gemacht. So schnell wie möglich sollten diese gewinnbringend verkauft werden. Dass auch die »Stadt des Kindes« als ehemaliges Vorzeigeprojekt des »Roten Wien« so emotionslos abgestoßen werden sollte, hat mit einem Generationswechsel zu tun. Als die »Stadt des Kindes« 1969 unter der Ägide der Stadträtin Maria Jacobi projektiert wurde, war sie ein Versuch des roten Establishments, Terrain gegen die kritischen Geister von 1968 zu gewinnen. Ihr Architekt, Anton Schweighofer, entwarf eine zwar vielgestaltige, aber immer noch klar geordnete Welt, und es ist kein Zufall, dass er den Klosterplan von St. Gallen als ein Vorbild für das Projekt nennt. Für die Generation von 1968, personifiziert in der für die Schließung zuständigen Stadträtin Grete Laska, war die »Stadt des Kindes« daher nichts anderes als eine längst gestürmte Bastion einer alten Ordnung, deren Schleifung nur einen folgerichtigen Schritt darstellte. Von einer Politikerin, die das ästhetische und finanzielle Desaster des Wiener Riesenradplatzes zu verantworten hat, war kaum zu erwarten, dass sie den architekturhistorisch singulären Wert der »Stadt des Kindes« korrekt einzuschätzen wüsste. Dass sich im Rathaus und seinem weitverzweigten Umfeld und sogar im Denkmalamt, das in einem skandalösen Bescheid mit Hinweis auf die bevorstehende Nutzungsänderung den Denkmalschutz

aufhob, keine entschlossenen Verteidiger der Anlage, sondern nur mehr oder weniger gut getarnte Sekundanten ihrer schrittweisen Zerstörung fanden, ist allerdings bestürzend. Nun sind die ersten Kinderhäuser abgerissen. »Eine sehr schöne Lösung«, behauptet der zuständige Wohnbaustadtrat Michael Ludwig, hätte man damit gefunden, da nur so die Kosten für die Sanierung anderer Teile aufzubringen wären. »Sehr schön« wird da freilich nichts mehr. Dass es nun zu einer exemplarischen Teilsanierung und einer kongenialen Neuinterpretation anstelle der abgerissenen Objekte kommen wird, ist zwar nicht auszuschließen, das unwürdige Schauspiel der letzten sechs Jahre lässt aber eher einen Totalschaden erwarten.

2.

»Spitzl« haben die Mitglieder der Bürgerinitiative, die gegen die Errichtung eines Konzertsaals für die Wiener Sängerknaben protestiert, den Augartenspitz getauft, jene südöstliche Ecke des barocken Augartens, die seit der Eröffnung einer neuen Station der U-Bahn-Linie U2 einen naheliegenden zusätzlichen Eingang in den Park bilden würde. Genau auf dieses »Spitzl« wollen die Sängerknaben ihren von der Pühringer-Privatstiftung finanzierten Saal mit 430 Plätzen stellen. Dass dieser Punkt nicht ideal ist, ist allen Beteiligten klar. Die Widmung für das Areal, die seit 2002 besteht, böte durchaus andere Optionen. Ursprünglich war sie für das Filmarchiv Austria geschaffen worden, das in mehreren Studien Pläne für eine Erweiterung in den Park hinein vorgelegt hatte, zuerst mit fasch&fuchs, später mit Delugan Meissl als Architekten. Geld für diese Pläne gab es aber keines, und so hatten die Sängerknaben mit ihrem Sponsor 2004 scheinbar freie Fahrt, ihr Projekt als Alternative durchzusetzen. Ihr erstes, von archipel architektur+kommunikation konzipiertes Projekt sah ebenfalls eine in den Park zurückgesetzte Situierung des Saals vor. Diesem städtebaulich und gartengestalterisch einzig sinnvollen Standort widersetzten sich sowohl die Bundesgärten und das Denkmalamt als auch jene Teile der Bürgerinitiative, deren eigentliches Ziel es ist, jede Bauführung im Park zu verhindern, obwohl sich genau auf dem zur Diskussion stehenden Gelände die Gesindehäuser des Augartenpalais befanden, die erst nach dem Zweiten Weltkrieg abgerissen wurden. Bürgermeister Michael Häupl, der noch im Juni 2006 dem Direktor des Filmarchivs, Ernst Kieninger, Hoffnungen machte, sein Projekt zu unterstützen, ließ schließlich über die Kronenzeitung ausrichten, dass »der Platz für die Sängerknaben ist«. Gegen letztere und für die Filmkunst zu entscheiden, wäre in den Augen des Boulevards wohl ein Sakrileg gewesen. Erschwert wird die Situation noch durch die komplexen Zuständigkeiten: Bundesgartenamt, Burghauptmannschaft und Denkmalamt agieren auf Bundesebene, Widmung und städtebauliche Gesamtplanung sind Sache der Stadt Wien. Die Bankrotterklärung von (Bau)Kulturpolitik und Stadtplanung angesichts einer zugegebenermaßen komplexen Aufgabe scheint nun ihr würdiges Monument zu finden: Das an sich schon problematische Konzertsaalprojekt auf dem »Spitzl«, eine Übung in dekonstruktiver Zackigkeit ohne echte Schärfe, wurde zuletzt noch durch das Zugeständnis geschwächt, zumindest die Fassade eines bestehenden, als Denkmal völlig unbedeutenden barocken Gesindehauses, das dem Neubau hätte weichen müssen, nun doch zu erhalten. Halbverdauter Barock mit dekonstruktivistischer Dekoration, das ist österreichisches Glück im Winkel.

3.
Seit der Jahrhundertwende zeigen die Wiener Würfeluhren – kubische Gehäuse mit abgeschrägten Ecken und hinterleuchtetem Ziffernblatt – den Wienern, was es geschlagen hat.
Als wichtiges Element der städtischen Infrastruktur ermöglichten diese Uhren der Industriegesellschaft der späten Gründerzeit, im Gleichtakt zu funktionieren. Wer sie entworfen hat, ist nicht bekannt. Ihre Form ist zeitlos und wurde über die Jahrzehnte nie verändert, obwohl manche in der Substanz völlig erneuert und aus Edelstahlblech nachgebaut wurden. Während das Gehäuse an die Formen der »Neuen Sachlichkeit« der Zwischenkriegszeit erinnert, wiesen die Rautenformen der Zeiger und der Stundenmarkierungen eher ins 19. Jahrhundert, was aber keineswegs ihre Lesbarkeit schmälerte. Im Gegenteil: Gerade die spitz zulaufenden Formen erlaubten es dem Auge auch auf Distanz, die Zeit gut wahrzunehmen. Um die neuerliche anstehende Sanierung der Uhren zu finanzieren, griff die Stadt zum Mittel eines »Public Private Partnership« der besonderen Art. Die Wiener Städtische Versicherung darf ihr Logo zehn Jahre lang mitten im Ziffernblatt platzieren und bezahlt dafür die Sanierung der Uhren. Das einzige, das bei diesem Konzept aus Werbesicht stört, sind naturgemäß die Zeiger. Die kreisen ja zwangsläufig über dem Logo, und das schmälert den »Impact«, wie der Werber sagt. Kein Problem, erklärte der Grafiker der Wiener Städtischen, ich mach' Euch ein Ziffernblatt mit Zeigern, die sind in der Mitte ganz dünn und verbreitern sich erst über den Stundenmarkierungen. Das sieht elegant aus, und unser Logo bleibt frei. Der historische Wert der alten Uhr war mit diesem Design aber ruiniert. Das neue Ziffernblatt gab sich modernistisch-elegant, womit der Kontrast zwischen der scheinbaren »Neuen Sachlichkeit« des Gehäuses und dem spätgründerzeitlichen Ziffernblatt verschwunden war. Aus der alten Uhr hatte man dagegen eine kleine Kulturgeschichte der späten K&K-Monarchie und ihrer inneren Spannungen ableiten können. Aber der Gott des Designs ist unerbittlich: Die neuen Zeiger waren so dezent, dass es für viele Passanten kaum mehr möglich war, die Zeit abzulesen. So wurden die Zeiger schließlich nochmals getauscht und die Stundenmarkierungen verlängert. Jetzt sehen die Uhren aus wie billige Küchenwecker. Von der Funktionalität und Klarheit des über 100 Jahre alten Vorgängers kann man nur noch träumen.

Reinhard Braun
Transparenz als Zirkulation von Ideologie

Michel de Certeau blickt an einer Stelle in *Kunst des Handelns* vom Dach des World Trade Centers, »dem mächtigen Zugriff der Stadt entrissen«: »Seine erhöhte Stellung macht ihn zu einem Voyeur. Sie verschafft ihm Distanz. Sie verwandelt die Welt, die einen behexte und von der man ›besessen‹ war, in einen Text, den man vor sich unter den Augen hat. Sie erlaubt es, diesen Text zu lesen, ein Sonnenauge oder Blick eines Gottes zu sein. Der Überschwang eines skopischen und gnostischen Triebes. Ausschließlich dieser Blickpunkt zu sein, das ist die Fiktion des Wissens.« Transparenz meint also nicht nur, die modernen und modernistischen Räume als Membranen der Verwirrung zwischen öffentlich und privat zu organisieren (was Jacques Tati 1967 in mehreren exemplarischen Einstellungen in *Playtime* thematisiert), Transparenz kennzeichnet ganz allgemein eine Ideologie des Blicks, der Wahrnehmung, Registrierung, Vermessung und Aneignung. Der Begriff der Transparenz deutet auf den Umstand, dass sich dieser Ideologie des Blicks nichts in den Weg stellt, dass die Welt unverhüllt diesem Blick ausgesetzt ist. Damit wird Transparenz zu einem epistemologischen Konzept, zu einer, wie es Certeau bezeichnet, »Fiktion des Wissens«.[1]

Nun arbeiten BitterWeber seit vielen Jahren nicht nur im Bereich einer sich politisierenden Kritik des Urbanismus und der Architektur, sondern vor allem an einer sich ebenso politisierenden Kritik an dieser unverfrorenen Ideologie des Blicks und seiner Repräsentation.

In *Bronzeville* eignen sich die Künstler den Komplex des Illinois Institute of Technology, erbaut in den frühen 1950er-Jahren von Mies van der Rohe und ein klassisches Beispiel für funktionale, transparente Architektur der Moderne, bereits im Hinblick auf dessen Zirkulation als Repräsentation an: Die Arbeiten zeigen die bekanntesten Ansichten, die aufgrund einer spezifischen Repräsentationslogik gerade die lichtdurchfluteten Volumina der Bauten besonders betonen.[2] Der Gebäudekomplex war Teil einer umfangreichen

[1] Michel de Certeau, *Kunst des Handelns* (Berlin: Merve, 1988 [1980]), p. 180.
[2] vid. Reinhard Braun (Ed.), *BitterWeber: Live like this!* (Graz: Edition Camera Austria, 2005).

städtebaulichen »Erneuerung« im Süden Chicagos und entstand inmitten eines vor allem von Afroamerikanern bewohnten Viertels, »Bronzeville«, das eine zentrale Rolle bei der Entstehung der amerikanischen Bürgerrechtsbewegung spielte. Durch die Solarisation der Fotografien rekonstruieren die Künstler nicht nur die unterdrückte, ausgeblendete »schwarze« Geschichte dieses Architekturkomplexes, sie konvertieren in der dadurch vorgenommenen Umkehrung von Helligkeitswerten gerade die Transparenz der Architektur in Bildwerte, die das Gebäude quasi versiegeln. Sie errichten eine Barriere für den Blick, wo vorher Licht, Raum, Transparenz, Einsichtigkeit und Lesbarkeit herrschten. Das Bild, die Repräsentation einer Ideologie des Blicks, wird bei BitterWeber immer wieder zum Schauplatz einer Intervention, die jenseits jeder Ästhetik dieses Bild als ein Handlungsmoment und ein Handlungsfeld im Bereich sozio-politischer Terrains bestimmt. Das Bild stellt für BitterWeber einen Ort des Ringens um Macht dar, einen Ort der Produktion von Bedeutungen, einen Raum der Äußerung, der – wie im Fall von *Bronzeville* – Transparenz als Agens der Ideologie der Moderne (eine Fiktion des Wissens, wie Certeau richtigerweise feststellte) nicht einfach durch ein Gegenbild ersetzt, sondern Transparenz als ideologische Konstruktion kenntlich macht, die ihren Ausgangspunkt nicht von den Bildern oder den gebauten Räumen nimmt, sondern sich diesen als eine Art Kulturtechnik einschreibt. Dadurch kennzeichnen BitterWeber recht eigentlich die Zirkulation dieser Ideologie, vom Denken über das Bauen bis hin zu den Repräsentationen und zurück zum Denken.

Sabine Bitter
Helmut Weber
Bronzeville

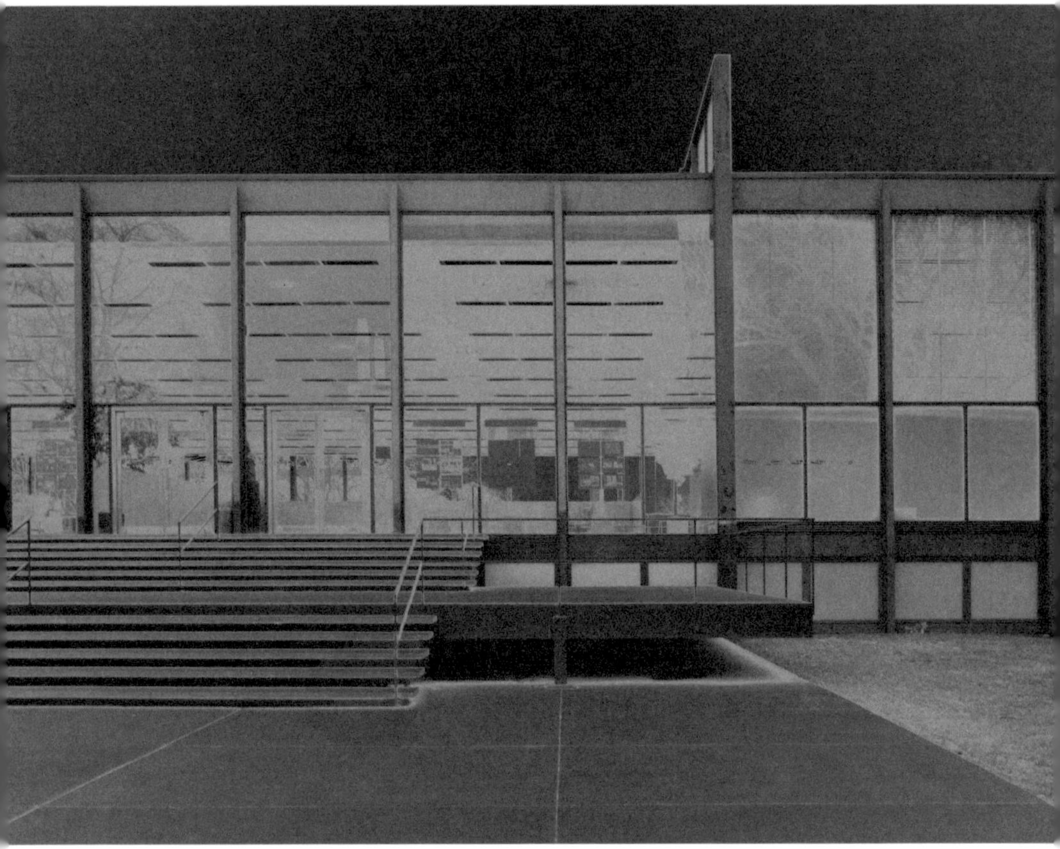

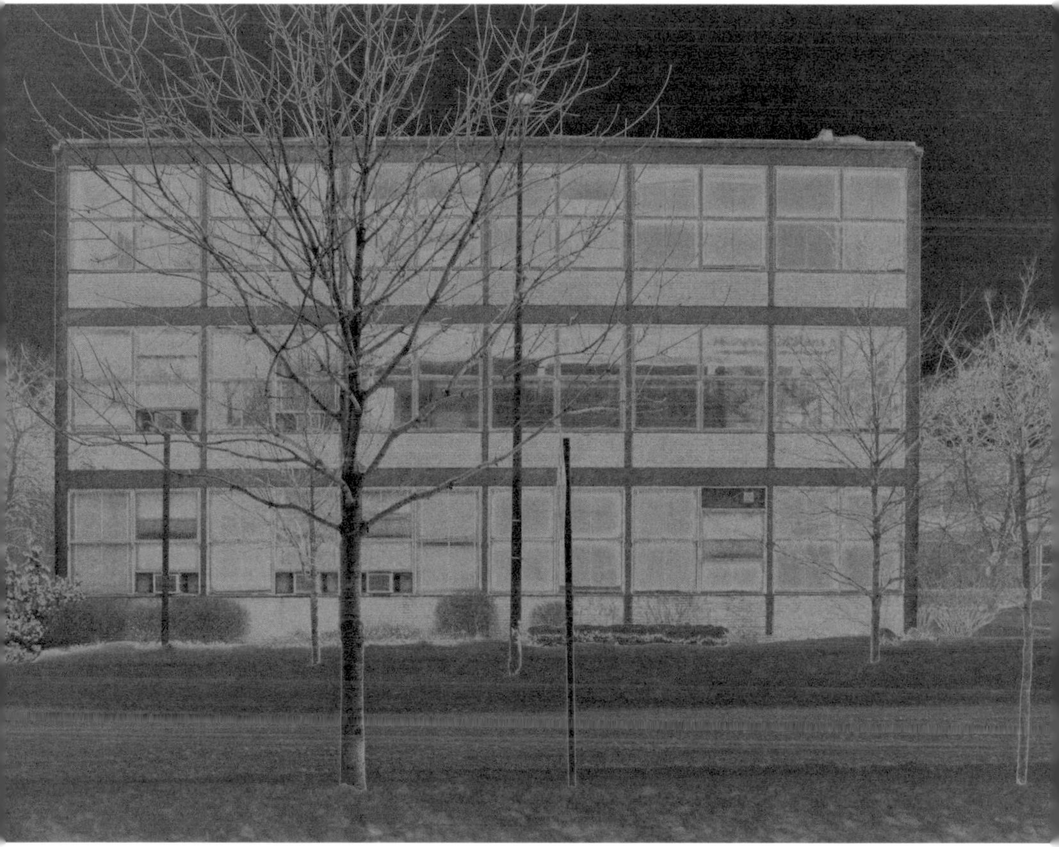

Sit where the light corrupts your face.
Miës Van der Rohe retires from grace.
And the fair fables fall.

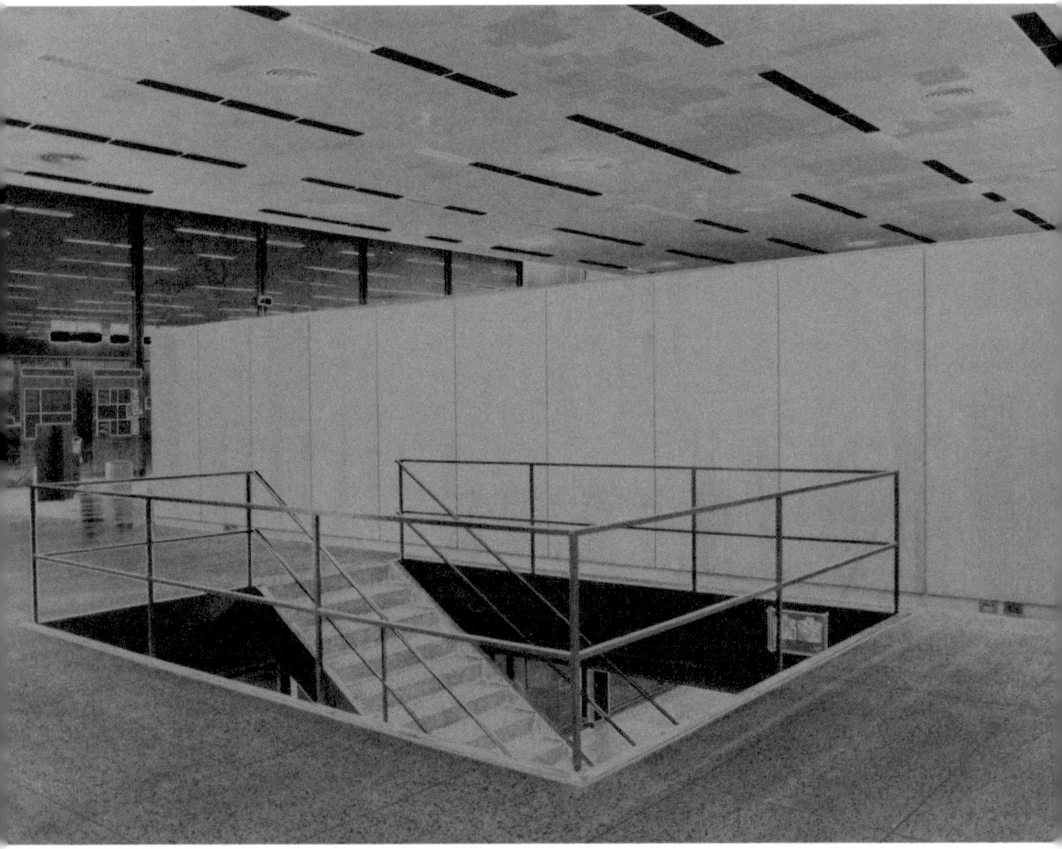

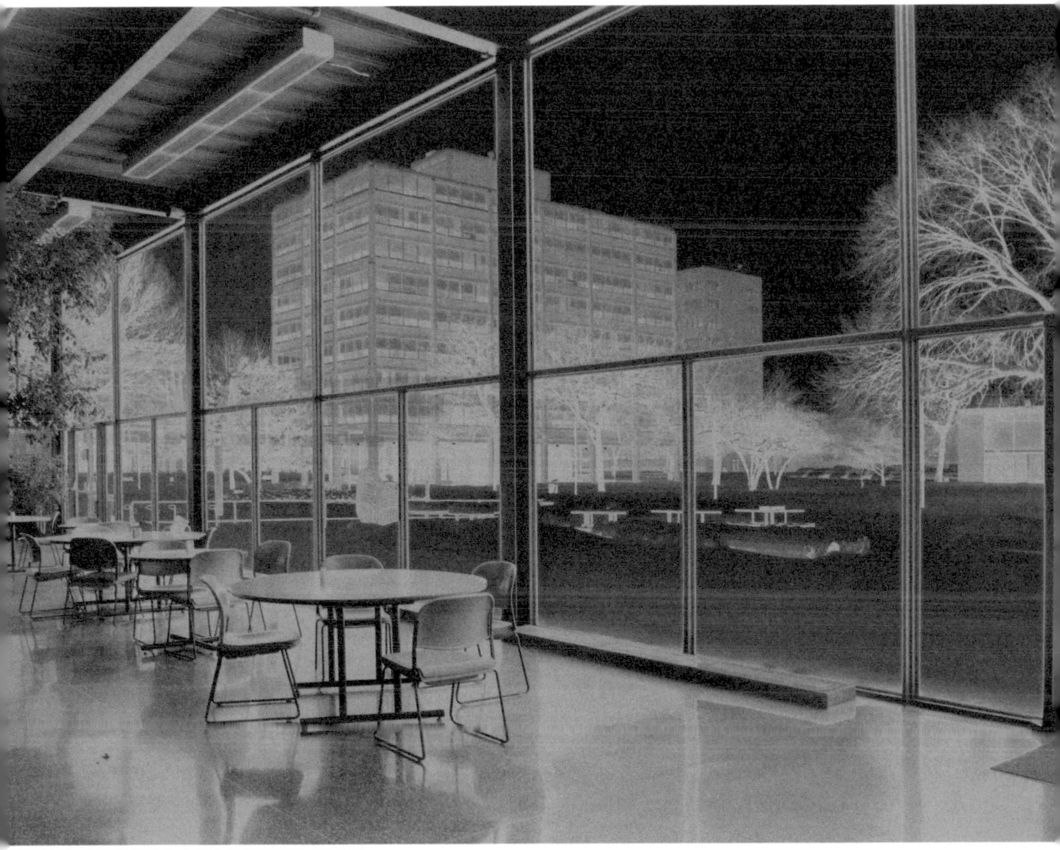

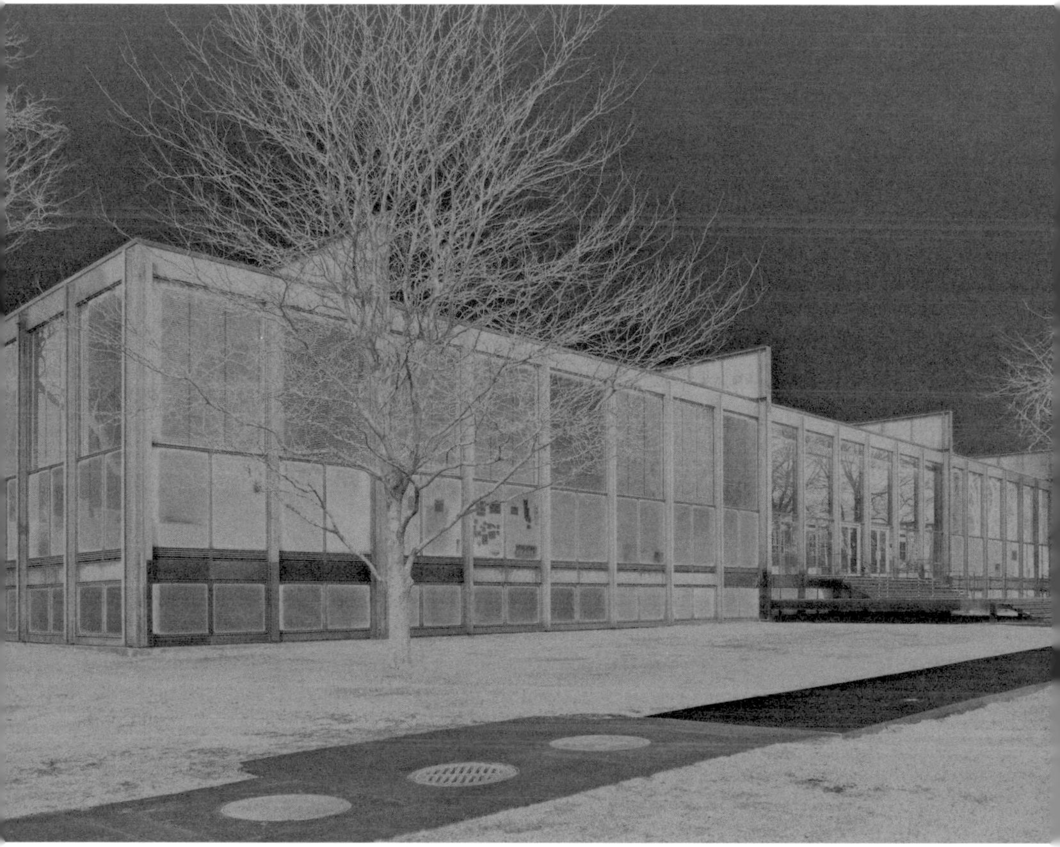

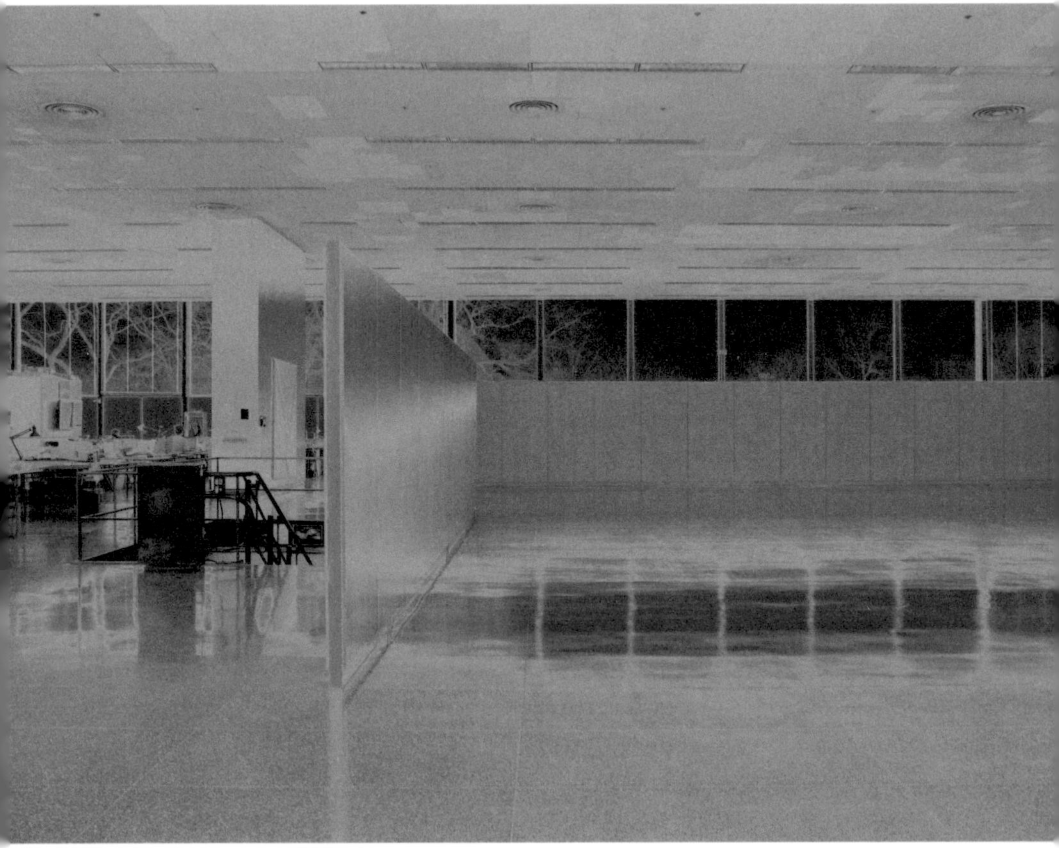

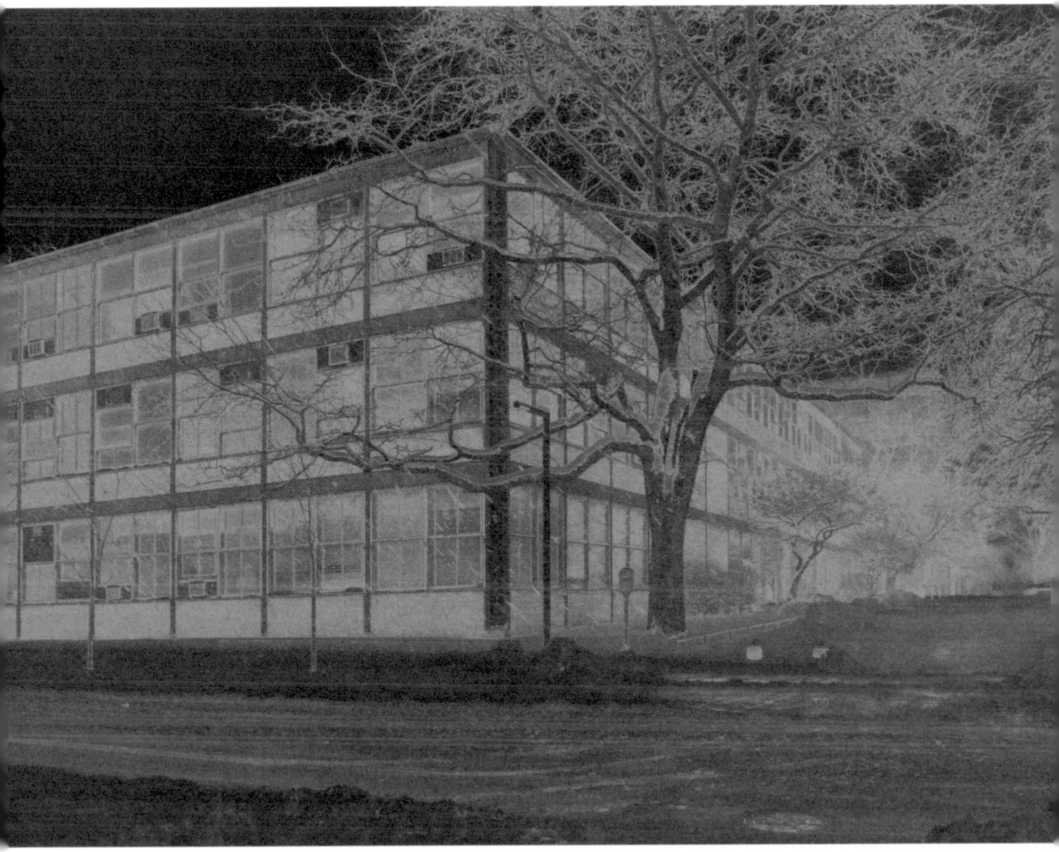

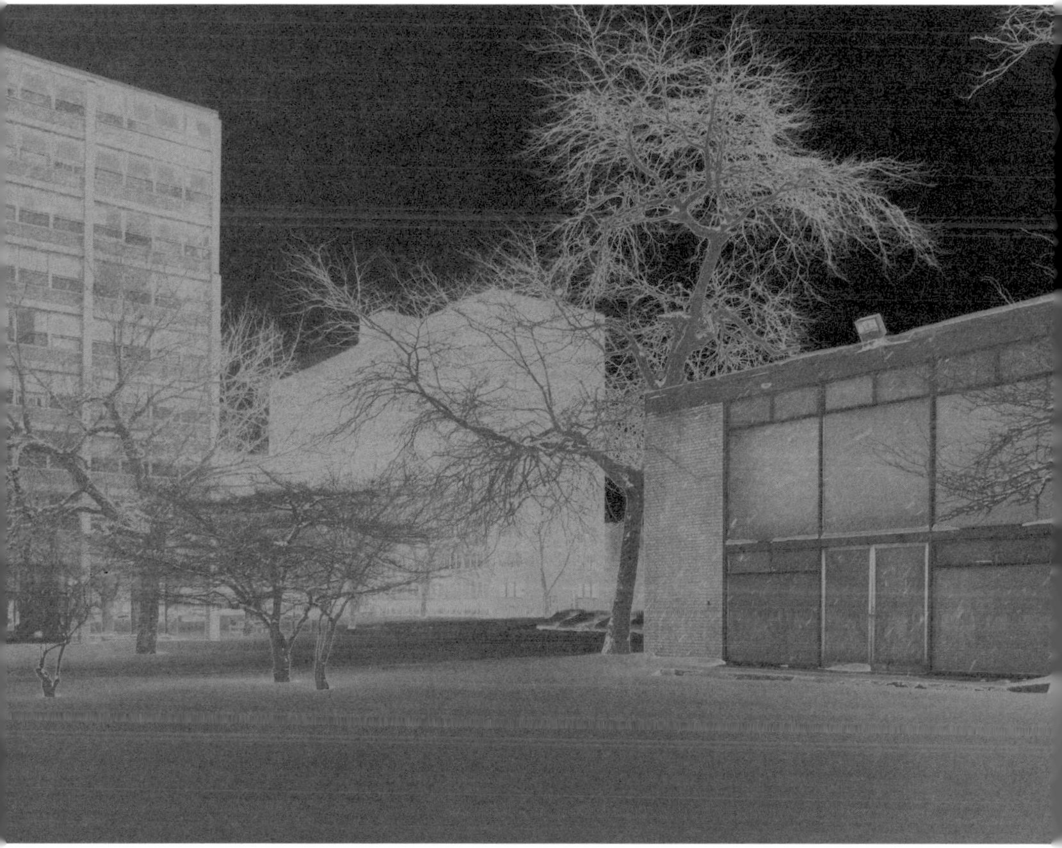

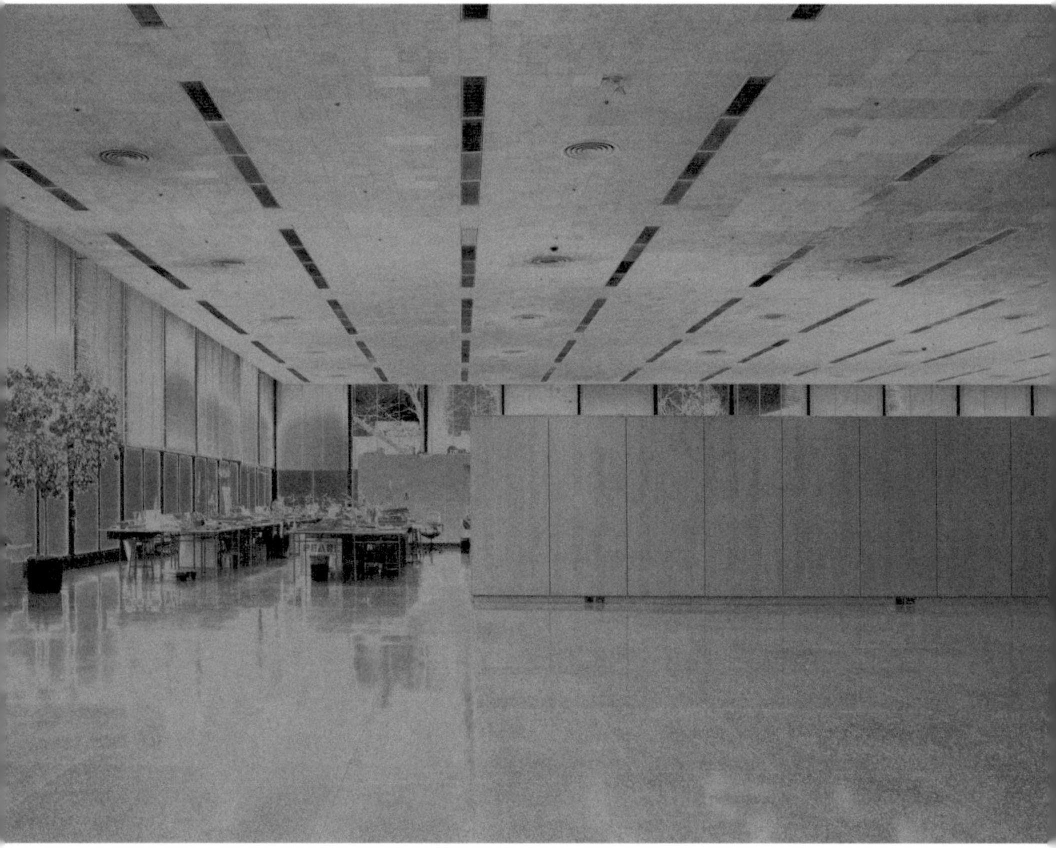

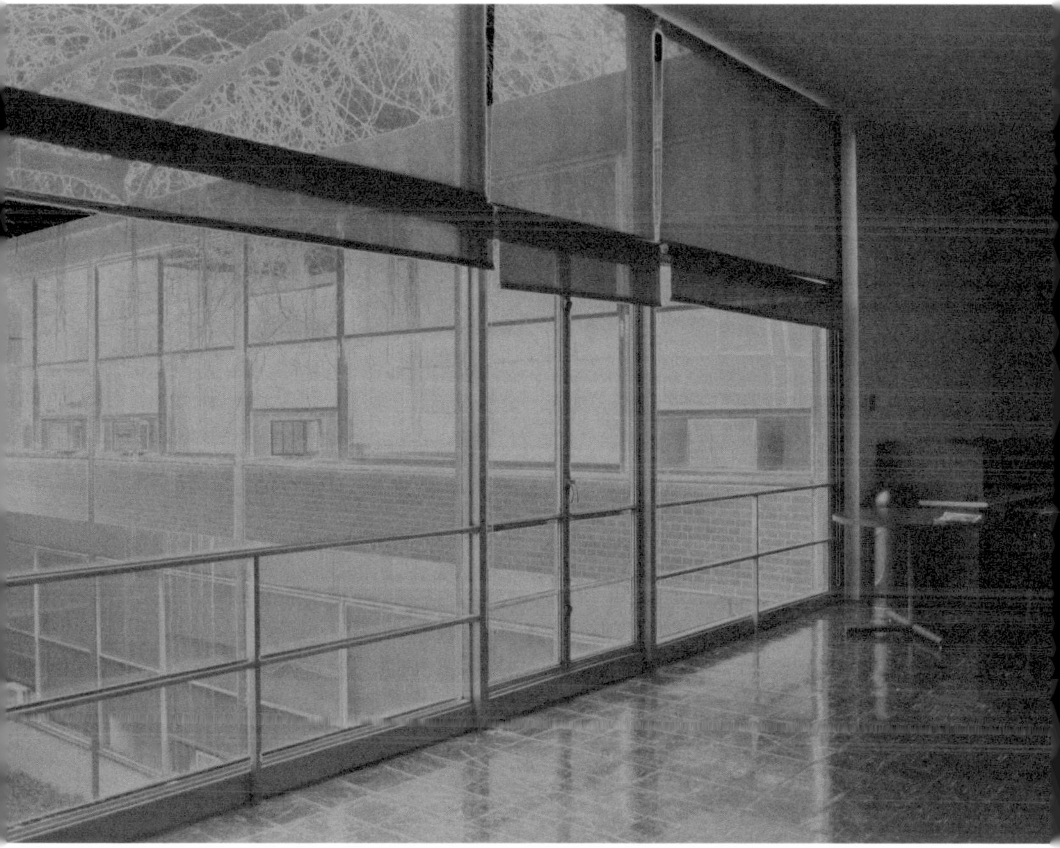

Christian Teckert
Sprünge im Glas
Transparenz – Strategien der Sichtbarkeit in der Architektur

Die Texte des wissenschaftlichen Teils dieser Ausgabe des UmBau basieren auf den Inhalten und Beiträgen der Vortrags- und Veranstaltungsreihe »Transparenz. Strategien der Sichtbarkeit in der Architektur« der Österreichischen Gesellschaft für Architektur. Die Konzeption dieser Reihe gründete auf der These, dass sich die Bedeutung dieses Zentralbegriffs der Architektur seit der Moderne grundlegend verschoben hat. Stand der Begriff der Transparenz Anfang des 20. Jahrhunderts noch für das emanzipatorische Versprechen einer offenen, modernen Gesellschaft und einer Auflösung von Dichotomien zwischen innen und außen, so kann man heute geradezu invers von einem gesellschaftlichen Druck zur inszenierten Zurschaustellung von Transparenz und Sichtbarkeit sprechen, angesichts dessen Transparenz immer stärker den Status einer Maskierung, eines Images einnimmt. Der ÖGFA-Programmschwerpunkt 2006 | 2007 war von dem Anliegen geprägt, die Ambivalenz dieses Begriffs zwischen Emanzipation und Kontrolle herauszuarbeiten und speziell die ideologischen Motive und Blickregime hinter dem Einsatz von Transparenz zu beleuchten. Die präsentierten Positionen waren disziplinär meist in Zwischenzonen beheimatet, in denen die Thematisierung der Schnittstellen des eigenen Handelns ebenso wichtig erscheint wie auch der architektonischen Membran zwischen innen und außen. Die hier versammelten Beiträge von Oksana Bulgakowa, Annette Fierro, Jörg Gleiter und Tom Holert sowie der künstlerische Beitrag von Sabine Bitter und Helmut Weber stellen ein Destillat der Vortrags- und Veranstaltungsreihe dar, die an den Schnittstellen von architekturtheoretischen und kulturwissenschaftlichen Diskursen angesiedelt war.

Rückblende: Bonaventure Hotel 1984

In seinem damals höchst einflussreichen Text »Postmodernism or the cultural logic of late capitalism«[1] beschreibt Frederic Jameson das von John Portman geplante Bonaventure Hotel in Los Angeles als ein Symptom der Unmöglichkeit des Subjekts, sich innerhalb eines globalen Netzwerks dezentrierter Kommunikationsflüsse in einer sinnstiftenden Form zu verorten. Er spricht von einem Zusammenbruch der Signifikationskette, der dem Subjekt eine Kartierung seines Selbst unmöglich macht. Die spezifische Verwendung von Glas spielt für ihn dabei eine zentrale Rolle, um ein destabilisierendes Spektakel aus Blicken, Reflexionen und Spiegelungen zu evozieren. Das wird in der Lesart Jamesons einerseits durch die Gestaltung der Fassade des Gebäudes mit reflektierendem Glas erreicht, in der sich die Stadt in verzerrter und fragmentierter Form spiegelt, dabei jegliche visuelle Verbindung zwischen innen und außen unterbricht und der Innenraum sozusagen zum Ersatz der realen Stadt draußen wird. »Das Bonaventure will nicht Bestandteil der Stadt sein, sondern ihr Äquivalent, ihr Substitut, ihr Ansta(d)tt.«[2] Im Innenraum produzieren die kontinuierlichen Bewegungen der Fahrstuhlgondeln – die nach dem Durchstoßen des Glasdachs der Lobby in Panoramaaufzüge münden, welche wiederum zu den Bars führen, die eine langsame 360°-Rotation vollführen – ein Schauspiel, das die Stadt zusehends in ein Image der Stadt verwandelt. In ein Spektakel, das in einer Trennung der körperlichen Wahrnehmung – die passiv und kontrolliert ist – und der visuellen Wahrnehmung in Form einer panoramatischen Illusion des Überblicks begründet liegt. Diese distanzierte Form des Sehens produziert einen »entkörperlichten Blick«, der aufs Engste mit der historischen Kommodifizierung des Blicks des Subjekts innerhalb eines konsumistischen Spektakels verbunden ist.[3] Der Einsatz von Glas erscheint hier als Indikator einer Krise jener Idee von Sichtbarkeit, die der Aufklärung und der Moderne verpflichtet ist, und weist vielmehr in Richtung einer dystopischen Vision von Transparenz. Jamesons Analyse des Bonaventure Hotels macht eindrucksvoll deutlich, dass die Verwendung von Glas entgegen der daran geknüpften Rhetorik mitunter mehr verschleiert als es offenbart. Dieser Essay von Jameson markiert einen entscheidenden Punkt in der Kritik an der

---

[1] Frederic Jameson, *Postmodernism, or, the cultural logic of late capitalism* (Durham: Duke University Press, 1992), p. 413; [ursprünglich als Essay unter dem Titel »Postmodernism«, in: *New Left Review* (London, 1984) erschienen.]

[2] Frederic Jameson, »Zur Logik der Kultur im Spätkapitalismus«, in: Andreas Huyssen, Klaus R. Scherpe (Eds.), *Postmodern, Zeichen eines kulturellen Wandels* (Reinbek bei Hamburg: Rowohlt, 1986), p. 86.

[3] vid. Wolfgang Schivelbusch, *Geschichte der Eisenbahnreise, zur Industrialisierung von Raum und Zeit im 19. Jahrhundert* (Frankfurt | M: Fischer, 2000 [1977]).

Moderne, da zentrale paradigmatische Verschiebungen innerhalb der Kultur primär über das Medium der Architektur diskutiert und veranschaulicht wurden. An dieser Bruchstelle von der Moderne zur Postmoderne Mitte der 1980er-Jahre verschiebt sich auch der dominante Architekturdiskurs von der Beschäftigung mit Fragen der Semiotik und Soziologie hin zu einer Auseinandersetzung mit visueller Wahrnehmung und einer Konzeption von Kultur, deren Fokus auf Images und Repräsentationen liegt.

Die Verwendung von Glas und die daraus resultierenden Ambiguitäten werden hier zu einer Metapher dafür, dass das zunehmend globalisierte System unserer Lebenswelten sich der Repräsentation mehr und mehr entzieht. Indem Jameson die verstörenden Effekte in der Wahrnehmung von Glas thematisiert, stellt er natürlich auch implizit die scheinbar tief verwurzelte »Wahrheit« der Moderne in Frage, nach der der Einsatz von Glas mit einem Versprechen von Offenheit und Licht, von Emanzipation und Befreiung, vom Überwinden der Barrieren zwischen innen und außen verbunden war. Konnte Walter Benjamin 1929 noch voller Euphorie Siegfried Giedion, Erich Mendelsohn und Le Corbusier dafür bejubeln, den Aufenthaltsraum des Menschen vor allem zum »Durchgangsraum aller erdenklichen Kräfte und Wellen von Licht und Luft«[4] zu machen, so mehren sich in der Spätmoderne kritische Töne, was den Einsatz von Glas betrifft. Kritisierten 1964 Colin Rowe und Robert Slutzky die *literal transparency*, also den direkten Transparenz-Begriff eines Walter Gropius für seine Simplizität gegenüber der *phenomenal transparency*, der organisatorischen und raumkompositorischen Transparenz[5] eines Le Corbusier im Kontext architekturtheoretischer Diskurse, so brachte der Künstler Dan Graham in vielen seiner Arbeiten und Essays der 1970er-Jahre verstärkt eine gesellschaftspolitische Dimension der Auseinandersetzung rund um Transparenz-Begriffe ins Spiel: Er identifiziert den schon zu einer Konvention gewordenen Einsatz von Glasfassaden beim Bau von Firmen-Headquarters als »paradoxe Camouflage«. Während die Firma ihre Agenda darauf fokussieren kann, ihre Macht zu konzentrieren und Informationen zu kontrollieren, produziert ihre Fassade ein Bild absoluter Offenheit: »At the same time as glass reveals, it conceals. If one looks into a glass showcase, one can have the illusion that the container is neutral, without

4
Walter Benjamin, »Die Wiederkehr des Flaneurs« [1929], in: ders., *Gesammelte Schriften*, Hella Tiedemann-Bartels (Ed.), *Kritiken und Rezensionen*, vol. 3 (Frankfurt | M: Suhrkamp, 1972), p. 196.

5
Colin Rowe, Robert Slutzky, Bernhard Hoesli, *Transparenz* (Basel et al.: Birkäuser, 1968); [Colin Rowe, Robert Slutzky, »Transparency: Literal and Phenomenal«, in: *Perspecta*, vol. 8 (New York, 1963), pp. 45–54.]

apparent interest in the content of what it displays; or, conversely, the appearance of what is contained can be seen as a function of the qualities of the container itself.«⁶ Was war mit der Auffassung von Transparenz als moralischer Imperativ, als Garantie für ehrliches, rationales Denken im Zuge der Schaffung einer neuen Gesellschaft geschehen?

Unsichtbare Transparenz

Wenn wir heute von Transparenz im Bereich der räumlichen und architektonischen Erfahrung sprechen, dann tun wir das zumeist unbewusst. Die Omnipräsenz des Phänomens in der gebauten Umgebung ist so umfassend, es scheint derart normalisiert und neutralisiert, dass es sich sozusagen der Sichtbarkeit gleichsam wieder entzieht.⁷ Transparentes Glas ist zumeist die erste Wahl als Baumaterial, egal ob es sich um Schulen, Banken, Apartments, Bürogebäude oder auch Museen handelt. So erfreut sich der Begriff der Transparenz in Marketing-Jargons nach wie vor höchster Beliebtheit, ist er doch ein griffiger und simpler Marker für Offenheit und Zugänglichkeit. In der Nachkriegsmoderne war Transparenz ein Kernelement in der Produktion kollektiver Räume für Gesellschaften, die sich von der Opazität und Schwere der Vergangenheit befreien wollten. Die Verwendung von Glas in der Architektur als Indikator für Demokratie wurde mitunter zur Obsession und zu einem ästhetisch-moralischen Imperativ, wie das etwa in der Bundesrepublik Deutschland zu beobachten war. Um sich als verlässlicher internationaler Partner in den ökonomischen und politischen Sphären der Nachkriegsära zu präsentieren, wurde im Einsatz von Glas eine scheinbar perfekte Metapher für die Darstellung eines Bewusstseins gegenüber der Fragilität der Demokratie gefunden.

Tom Holert hat in seinem Beitrag zu dieser Publikation darauf hingewiesen, wie etwa Gebäude wie Hans Schwipperts Bundeshaus von 1949 oder der Kanzlerpavillon von Sepp Ruf von 1964, aber auch die späteren Bundestagsgebäude von Günther Behnisch 1992 und der Umbau des Reichstags von Norman Foster 1999 diesem »Mantra« der Transparenz als Symbol für die (westliche) Demokratie folgen. Ernüchternd wirkt hier allerdings ein Blick auf die andere Seite der Mauer: Wie Deborah Ascher Barnstone betont,⁸ waren die Argumente auch innerhalb eines ideologisch diametral entgegengesetzten

6
Dan Graham, »Essay on Video, Architecture and Television«, in: Birgit Pelzer, Dan Graham (London: Phaidon, 2001 [1979]), p. 131.
7
vid. Nigel Whiteley, »Intensity of Scrutiny and a Good Eyeful Architecture and Transparency«, in: Journal of Architectural Education (2003), pp. 8–16.
8
vid. Deborah Ascher Barnstone, The transparent state, architecture and politics in postwar germany (London et al.: Routledge, 2005).

Systems wie der ehemaligen DDR ironischerweise mehr oder weniger die gleichen. Heinz Graffunder, der Architekt des nunmehr aus dem gegenwärtigen Berliner Stadtbild ausgelöschten »Palastes der Republik« stellte sein Gebäude als ein Symbol der »Leichtigkeit und Zugänglichkeit« dar und die Offenheit des Palastes für seine Bürger sollte sich in der optischen Transparenz der plastisch aufgelösten Gebäudemasse manifestieren. Die Kontingenz dieser Argumentation liegt hier auf der Hand. Was Anfang des 20. Jahrhunderts noch eng mit einer grundlegenden Kritik der Bürden der Vergangenheit verbunden war – der Überwindung des Ornaments, dem Niederbrechen der Grenzen zwischen innen und außen, mit der Rhetorik des Öffnens bislang opaker Institutionen, dem Entfernen von Ornamenten und Maskierungen – war mittlerweile eine leere Projektionsfläche für jedwede politisch-ideologische Instrumentalisierung geworden.

look und *gaze*

An diesem Punkt lohnt es sich, einen Blick zurück auf die sprachlichen und philosophischen Wurzeln des Begriffs zu werfen und sich zu vergegenwärtigen, welche Ambiguität in dem Begriff der Transparenz selbst liegt. Im Deutschen taucht der Begriff zum ersten Mal im 18. Jahrhundert als »durchsichtig« auf. Geformt aus den lateinischen Wurzeln des Wortes *trans* – also »durch« und *parere*, was »sichtbar« bedeutet – beschreibt er einen Materialzustand, in dem Licht – und damit auch der Blick – eine Substanz durchdringen kann.

Im westlichen Denken und der Philosophie war das Sehen und die visuelle Wahrnehmung für lange Zeit eng verbunden mit dem Verstehen und der Macht in unserer »okularzentrischen Kultur«[9]. Von den prä-sokratischen Philosophen bis zur Aufklärung und zur Moderne war die Vorherrschaft von Konzepten rund um Aspekte des Sehens ein Markenzeichen der westlichen Philosophie wie auch der Sprache. »Ich sehe« meint gleichzeitig »ich verstehe«. Erst in der zweiten Hälfte des 20. Jahrhunderts bildet sich eine Verschiebung in den Konzeptionen des Sehens und der Sichtbarkeit heraus, die für die Diskussion der Transparenz von Bedeutung ist.

9
vid. Martin Jay, *Downcast Eyes, the denigration of vision in twentieth-century French thought* (Berkeley: University of California Press, 1994).

In den Schriften von Michel Foucault oder in den psychoanalytischen Ansätzen bei Louis Althusser und Jacques Lacan ist die Konzeption des Visuellen auf einem doppelseitigen Argument aufgebaut: Ich kann sehen, aber ich kann auch gesehen werden. Die Produktion von Subjektivität baut hier auf einer strukturellen Unterscheidung zwischen dem Sehen (look) und dem Blick (gaze) auf, die von Kaja Silverman im Anschluss an Lacan ins Spiel gebracht wird, um zu klären, wie sich das von sich selbst gemachte innere Bild des Subjekts und das äußere Bild zueinander verhalten.[10] Sie führt zur Verdeutlichung dieser Bezüge weiters den Terminus des *cultural gaze* ein, mit dem sie versucht, dem (immer schon vorhandenen) gesellschaftlichen Blick (gaze), der dem Sehen (look) des Subjekts entgegengesetzt verläuft, eine kulturelle Aufladung zu geben, die ihn als Repräsentation einer *dominant fiction*, also der jeweils kulturell vorherrschenden Erzählungen und Identifikationsangebote beschreibt, den Blick damit also historisch und ideologisch einbettet. Theatralität ist in dieser Konzeption strukturell mitgedacht, insofern das Subjekt im Verhandeln zwischen der Einpassung in ein von außen definiertes Identifikationsangebot und ein von innen imaginiertes Idealbild liegt.[11] Silverman lokalisiert dieses Zusammentreffen in Anlehnung an Jacques Lacan am *screen*. Auf der konzeptuellen Ebene des *screens* treffen sich die beiden visuell strukturierten Vektoren, um Subjektivität zu formen. Der *screen* ist eine Projektionsfläche, welche das Verhältnis des Subjekts zu sich selbst reguliert. Dadurch erscheint Realität nicht als direkt wahrgenommen, sondern als vermittelt, als ein Bild, das der Interpretation bedarf. Indem das Subjekt dabei den Ort eines Bildes einnimmt, im *screen* verortet ist, wird es als Produkt von Blickverhältnissen mit sozialen, kulturellen und ideologischen Implikationen begriffen.

Diese aus psychoanalytischen und filmtheoretischen Theorien aufgenommenen Denkmodelle sind auch von entscheidender Bedeutung für jene Diskurse, die in den 1990er-Jahren eine Revision der historischen Einordnung von architektonischen Mythen der Moderne und des damit verbundenen Transparenz-Begriffes über die Frage der adressierten Subjektivität der Benutzer einläuten: Beatriz Colomina analysiert die Innenräume von Adolf Loos als hoch aufgeladene Arrangements von (präfigurierten) Blickbezügen, als theatrale Bühnen des

---

10 vid. Kaja Silverman, *The threshold of the visible world* (London et al.: Routledge, 1996).

11 Silverman verwendet hier die Analogie der Pose, in der das Begehren in einer bestimmten Art und Weise wahrgenommen, angeblickt zu werden (»to be apprehended«), mit den präfigurierten Erwartungshaltungen des *gaze* zusammentrifft.

Wohnens und die Architektur Le Corbusiers als Verräumlichungen eines kinematografischen Blicks, der als Subjekt die Figur des Schauspielers und des bewegten Kamera-Auges bedient.[12] Die Architektur eines Mies van der Rohe wird von Josep Quetglas konträr zu den kanonisierten Lesarten nicht mehr als »Geometrie physischer Relationen, Proportionen oder Muster« verstanden, sondern als »Geometrie der Täuschungen, der Wahrnehmungen und Beziehungen«. Die Bezüge zwischen medialen Apparaturen und den visuell begründeten Modi der Subjektivierung bilden ein Dispositiv, das nun verstärkt in der Architekturtheorie Einzug hält.[13]

Die von Jameson beschriebene Zumutung, die Überforderung als Subjekt angesichts der dezentrierten, globalen Kommunikationsgefüge zu lokalisieren, erscheint im Anschluss an die oben erwähnten psychoanalytisch fundierten Denkmodelle jedoch als basale Strukturierung von Subjektivität an sich. Die in den Materialeigenschaften von Glas angelegte Ambiguität, nie vollkommen transparent oder opak zu sein, seine Reflexionen und Spiegelungen destabilisieren das Bild des Subjekts und des Raums permanent. Was in der Lesart von Jameson mit leicht kulturpessimistischem Unterton als eine in die Krise geratene Idee eines souveränen, autonomen Subjekts erscheint, wird von Autoren wie Homi K. Bhabha als Potenzial eines Raumbegriffs erkannt, der sich den problematisch gewordenen Dualismen entzieht und stattdessen Hybridbildungen von differenten Identitäts- wie auch Raumvorstellungen entwirft.[14] Bhabha verwendet hier – wie auch Edward Soja – den Begriff des Third Space, der in Referenz auf Henri Lefebvre primär als soziale Konstruktion gemeint ist – »das heißt auch Verräumlichung im Sinn von Performativität sozialer Beziehungen«.[15] Während Jamesons Idee des Subjekts sich lediglich durch eine Distanz zu seiner Identität definiert, liegt bei Bhabha der Fokus über die visuellen Dispositive hinaus auf der Verhandelbarkeit sozialer und kultureller Identität. Der Third Space ist ein Raum, in dem sprachliche, soziale und symbolische Verhandlungen zwischen unterschiedlichen kulturellen Subjektivitäten Hybridbildungen produzieren, die angesichts der realpolitischen Allgegenwart von translozierten, migrierten oder temporär dislozierten Identitäten mehr zur Regel denn zur Ausnahme werden. Die entscheidende Frage dabei ist, welchem Sichtbarkeitsdruck diese Subjektivität selbst

---

12
vid. Beatriz Colomina, *Privacy and publicity, modern architecture as mass media* (Cambridge MA: MIT Press, 1996).

13
vid. Todd Gannon (Ed.), *The Light Construction Reader*, Source Books in Architecture, no. 2 (New York: The Monacelli Press, 2002); *Kommende Transparenz*, Arch+ no. 144/145 (Aachen, 1998).

14
vid. Homi K. Bhabha, *The location of culture* (London et al.: Routledge, 1994).

15
Irene Nierhaus, »Positionen«, in: dies., Felicitas Konečny, *Räumen, Baupläne zwischen Raum, Visualität, Geschlecht und Architektur* (Wien: Edition Selene, 2002), p. 16.

innerhalb einer Gesellschaft unterworfen wird. Angesichts proliferierender Möglichkeiten technologischer Kontrolle innerhalb einer vermeintlichen Privatheit, deren Grenzziehungen zum Öffentlichen immer variabler werden, kann man mittlerweile von einem politischen und kulturellen Sichtbarkeitsdruck sprechen, dessen Ausdruck unter anderem der inflationäre Einsatz von Glas ist.[16] Die Strategien des Sichtbarmachens wiederum sind engstens daran gekoppelt, welche dominanten gesellschaftlichen Vorstellungen den Bereich des Sichtbaren definieren. Denn wie Foucault beschrieb, gibt es eine Sichtbarkeit außerhalb des Blicks – eine virtuelle Sichtbarkeit, die innerhalb einer bestimmten Periode manches beleuchtet und anderes in den Schatten verbannt.[17]

Das Wissen um das Gesehenwerden

Die psychologische Macht des Wissens um das Gesehenwerden ist das Hauptmotiv eines der folgereichsten architektonischen Konzepte der frühen Moderne, des Panopticon. Wie von Michel Foucault im Detail analysiert, bündelt diese Gefängnisarchitektur die Ausübung der disziplinierenden Macht, indem die spezifische räumliche Anordnung der Gefangenen bei diesen ein Wissen in Gang setzt, potenziell jederzeit perfekt gesehen werden zu können. Transparenz ist die Kernformel dieser Anlagen.[18] Eine Architektur der Überwachung steht am Anfang der Erfindung der »Transparenz« als Instrument sozialer Kontrolle, nicht die heroischen weißen modernistischen Raumgefüge mit ihrem Versprechen von Offenheit, Gesundheit und Licht.[19]

Aber auch in anderen Institutionen des aufkeimenden Bürgertums wie in den Museen des 19. Jahrhunderts wurden Überlegungen angestellt, wie man durch eine spezifische räumliche Anordnung die Sichtbarkeit der Besucher erhöhen kann. Nach der Öffnung der Museumssammlungen für die breite Öffentlichkeit wurden Überwachungsmechanismen installiert, um das Verhalten der Besucher zu steuern: Im Zentrum stand dabei eine Politik der Sichtbarkeit, in der die Betrachter gleichzeitig Subjekt und Objekt eines kontrollierenden Blicks sind. Durch die Gestaltung von Räumen, in denen nicht nur die Ausstellungsgegenstände im Mittelpunkt der Betrachtung standen, sondern auch die Besucher selbst, die sich etwa in den Spiegelungen der Vitrinen erkennen und sich ein

---

[16] vid. speziell dazu die Beiträge von Ilka Becker und Tom Holert in: Tom Holert, *Imagineering, visuelle Kultur und Politik der Sichtbarkeit* (Köln: Oktagon, 2000).

[17] John Rajchman, »Foucaults Kunst des Sehens«, in: Tom Holert (2000), p. 42f.

[18] vid. Michel Foucault, *Überwachen und Strafen* (Frankfurt | M: Suhrkamp, 1994), p. 251f. Dieses Gefängniskonzept des Sozialreformers Jeremy Bentham aus dem späten 18. Jahrhundert beruht auf dem gezielten Einsatz von Blickverhältnissen und Überwachungsmechanismen. So orientieren sich sämtliche Einzelzellen des Gefängnisses auf einen zentralen Turm in der Mitte der Anlage, von wo aus die Aufseher durch die nach außen hin transparent gehaltenen Zellen jeden Gefangenen jederzeit als Silhouette erkennen und somit überwachen können. Die Wirkung der Überwachung ist permanent, auch wenn ihre Durchführung sporadisch ist.

[19] vid. Angelika Schnell, »Sehen und Gesehen werden«, in: *Kommende Transparenz*, Arch+ no. 144/145 (Aachen, 1998), p. 48f.

20 vid. Tony Bennett, *The birth of the museum, history, theory, politics* (London et al.: Routledge, 1995), p. 48f.

21 Gilles Deleuze, »Postskriptum über die Kontrollgesellschaften«, in: ders., *Unterhandlungen* (Frankfurt | M: Suhrkamp, 1993), pp. 254–262.

Wissen darüber herausbildet, permanent gesehen werden zu können. Dieser Effekt des Panoptismus wurde, so die These von Tony Bennett,[20] durch die Anordnung von Displayzonen in gangartigen Formationen, die einen regulierten Fluss erzeugen sollten, und durch gezielte Setzung von Orten des Überblicks, die das Bewusstsein eines permanenten beobachtbar-Seins und damit ein Regime der Selbstkontrolle installierten, ermöglicht. Der *cultural gaze* Silvermans war schon hier integraler Bestandteil der architektonischen Gestaltung. Im beginnenden 20. Jahrhundert allerdings verschob sich diese Politik des Displays hin zu einer Form des Betrachtens, in der es primär um die Identifikation des Betrachters mit dem Werk ging. Die Intentionen und die ausgedrückten Emotionen des Künstlers standen im Mittelpunkt der Aufmerksamkeit. Damit verschob sich die Agenda der räumlichen Gestaltung der Ausstellungsbereiche vom Motiv des Überblicks – in Bezug auf die Objekte wie auch auf die Besucher – hin zum Motiv der Kontemplation, in der die formal-ästhetischen Qualitäten frei von störenden Einflüssen wahrnehmbar werden sollten. »In sich ruhende« Räume sollten die Grundbedingung für eine konzentrierte Betrachtung schaffen. So verschwanden sukzessive die langen Gangfluchten ebenso wie die herausgehobenen Punkte des Überblicks. Man könnte sagen, der von Foucault beschriebene panoptische Mechanismus visueller Kontrolle wurde absorbiert und internalisiert von einem Betrachter, der den immer präsenten Blick (*cultural gaze*) als »Aura« zu verstehen lernte, die sozusagen von den weißen Galeriewänden abstrahlt. Diese Veränderung entspricht auch der Verschiebung von einer direkten Sichtbarkeit und damit *literal transparency* hin zu einer komplexeren und hintergründigeren Lesart einer *phenomenal transparency* um hier nochmals auf Colin Rowes und Robert Slutzkys Ansatz zurückzukommen. Und sie stellt eine Parallele zu einem generellen politischen und kulturellen Paradigmenwechsel dar: Der Übergang von Foucaults mit dem Panopticon verbundenen Disziplinargesellschaft hin zu den indirekteren Mechanismen in Gilles Deleuzes Beschreibung der Kontrollgesellschaft[21] mit ihren weichen Methoden der Überzeugung, Verführung und der Generierung von Selbstmotivation und Selbstkontrolle. Der *cultural gaze* ist kein reiner Blick von außen mehr, sondern ein verinnerlichtes Prinzip der Selbstregierung.

Selbstbeobachtung

Im Einsatz von Glas in der Architektur werden Aspekte von Emanzipation und Kontrolle immer stärker vermengt und überlagert. Zunehmend wird die in den Mainstreambereichen der Kultur- und Architekturdiskussion noch vorherrschende Obsession des Gleichsetzens von Transparenz mit Offenheit, Wahrheit und Zugänglichkeit von einem Gegenwartsbefund konterkariert, laut dem keine klaren Grenzen zwischen innen und außen mehr definierbar sind. Was Frederic Jameson im Bonaventure Hotel identifizierte – ein desorientierendes Spektakel erzeugt durch Bewegung und Glas – ist mittlerweile ein Grundzustand in einer Kultur der beschleunigten und immer austauschbarer werdenden Bildproduktion. Spätestens seit den vom französischen Staatspräsidenten Mitterand forcierten Grands Projets manifestiert sich nach der Moderne und der Kritik der Postmoderne in den 1990er-Jahren eine zweite Hochblüte der Transparenz in der Architektur unter den Vorzeichen einer mediatisierten Wahrnehmung von Raum und Stadt. Hier geht es verstärkt um die Inszenierung von Architektur mittels Transparenz als ein Bild – um eine Imagepolitik, die in der Verwandlung der Realität in ein Bild der Realität ein Mittel zur politischen Instrumentalisierbarkeit von Architektur erkennt. Mit der monumentalen Kulissenhaftigkeit von Bauten wie etwa Dominique Perraults Nationalbibliothek geht aber auch eine Theatralisierung des städtischen Raums im Sinn einer urbanen Eventkultur und Stadtprogrammierung einher. Annette Fierro[22] hat im Rekurs auf Rosalind Krauss darauf hingewiesen, dass durch eine radikale Reduktion der symbolischen und formalen Struktur eines Objekts wie etwa in der Minimal Art der Betrachter umso stärker auf sich selbst, den räumlichen Kontext und die Mechanismen seiner Wahrnehmung zurückgeworfen ist. Der Effekt dabei ist Theatralität,[23] die bei Projekten wie Jean Nouvels Fondation Cartier oder eben der Nationalbibliothek Perraults eine entscheidende Rolle spielt. Auch die mit der Verwendung von entspiegeltem Glas prekär gewordene Grenze zwischen Innen- und Außenraum bedingt ein Subjekt, das sowohl um die Omnipräsenz eines alles durchdringenden Blicks weiß als auch um sein unentwegtes Gesehenwerden.

Glaubt man den Thesen von Michael Hardt und Antonio Negri,[24] dann befinden wir uns in einer Krise der Sichtbarkeit,

22
Annette Fierro, The glass state, the technology of the spectacle, Paris, 1981–1998 (Cambridge MA: MIT Press, 2003), p. 26if.

23
vid. Detlef Mertins, »Transparency: Autonomy and Relationality«, in: Todd Gannon (Ed.), The light construction reader (New York: The Monacelli Press, 2002), p. 140f.

24
vid. Michael Hardt, Antonio Negri, Empire (Cambridge MA et al.: Harvard University Press, 2000).

in der sich jene Grenzlinie zwischen innen und außen aufgelöst hat, die das Grundargument für die moderne Idee der Transparenz in ihrer Rhetorik der Überwindung ebendieser lieferte. Im Empire gibt es keine zentralen Konflikte mehr, sondern eher ein flexibles Netzwerk von Mikro-Konflikten. Es sind keine Feinde mehr zu bestimmen. Der kontrollierende Blick hat sich aufgelöst in Formen der Selbstkontrolle. Ulrich Bröckling wies mit seinem Begriff des »demokratisierten Panopticons«[25] – einer bewussten Anspielung auf Foucault – auf die Mikrotechnologien der Macht hin, die in den flexibilisierten Arbeitswelten zeitgenössischer Büroumgebungen eine neue Form der Transparenz herausbilden, die sich vom materialisierten Bild der blickdurchlässigen Fassaden entkoppelt und einen internalisierten beobachtenden Blick adressiert. So wird etwa in »360-Grad-Feedbacks« die »Performance« von Mitarbeitern durch ihre Kollegen evaluiert, aber man bewertet sich dabei auch selbst. Damit ist ein Regime der reziproken Sichtbarkeit installiert, das über die räumliche Konfiguration hinaus eine Ökonomisierung und Normierung sozialer Verhältnisse bedingt, dessen Konsequenzen für die Architektur noch nicht absehbar sind. Glas jedenfalls hat mittlerweile die Fähigkeit, zwischen einem Innen und einem Außen sinnstiftend zu vermitteln, verloren. In dem kontinuierlichen Innenraum des Spätkapitalismus gleicht seine Funktion der eines barocken Spiegelkabinetts für alle: eine permanente Aufforderung an das Subjekt, angesichts seiner vielfältigen Reflexionen die eigene Performance beständig zu verbessern, seine Pose zu adjustieren, sich möglichst glatt in jene Hülle einzufinden, die das Wissen um das Gesehenwerden, also der *gaze* präfiguriert und optimiert.

[25] Ulrich Bröckling, *Das unternehmerische Selbst, Soziologie einer Subjektivierungsform* (Frankfurt | M: Suhrkamp, 2007), p. 236f.

Transparenz

Die hier versammelten Beiträge versuchen den Strategien der Sichtbarkeit nach dem Ende der Transparenz der Moderne zu folgen. Tom Holert filtert die Instrumentalisierungen des Begriffs innerhalb widersprüchlicher ideologischer Parameter heraus und beleuchtet dabei die meist verborgenen Schattenseiten des lichtgetränkten Transparenzbegriffs. Oksana Bulgakowa zeigt in ihrem Beitrag auf, dass auch schon in der Hochblüte der Moderne, als Giedion und Benjamin von den Möglichkeiten der Transparenz träumten, Sergej Eisenstein seine überzeichnete, dystopische und unheimliche Version des Glashauses entwarf. Darin wurde eine verstörende Polyperspektivität entwickelt, die frappant an die Beschreibungen des Bonaventure Hotels von Jameson erinnert. Bulgakowa zeichnet die konzeptuellen Mutationen des nie realisierten Filmprojekts bis zu dem Vorhaben eines kugelförmigen Buchs Eisensteins nach. Theatralität und Ereignishaftigkeit als Nebeneffekt von Transparenz untersucht Annette Fierro in einer Auseinandersetzung mit den Bauten Richard Rogers in London. Dabei destilliert sie Verbindungen zwischen mittlerweile hegemonialen und kommerzialisierten Architektursprachen und den Anfängen einer radikalen politisierten Architekturauffassung des Karnevalesken heraus. Jörg Gleiter wiederum widmet sich der Frage, welchen Mutationen das Thema der Transparenz und hier speziell der Gebäudefassade angesichts der zunehmenden Mediatisierung unserer Lebenswelten unterliegt und entwickelt anhand einer Diskussion japanischer Gegenwartsarchitektur den Begriff der »virtuellen Materialität«. Damit versucht er eine Reformulierung der Architektur im Kontext des digitalen Habitats, die jene klassischen Konzepte der Transparenz, mit denen sich viele revisionistische architekturtheoretische Ansätze der letzten Jahre beschäftigt hatten, hinter sich lässt. Nicht zuletzt ist auch der künstlerische Beitrag von Sabine Bitter und Helmut Weber als Intervention in der dominanten Bildpolitik des Sichtbaren zu verstehen. Mit der Crown Hall des Illinois Institute of Technology bearbeiten sie eine jener Ikonen der Architektur der späten Moderne, die immer wieder ein zentraler Ankerpunkt in den Diskursen der Transparenz waren. An ihrer Arbeit wird deutlich – wie Reinhard Braun im begleitenden Text formuliert – dass Transparenz »eine Ideologie des Blickes, der Wahrnehmung, der Registrierung, Vermessung und Aneignung« darstellt, deren Strategien sich immer wieder in einem unauflösbaren Dilemma der Gleichzeitigkeit von emanzipatorischen und kontrollierenden Agenden bewegen. In Veränderung begriffen sind jedenfalls die Motive des Begehrens nach Transparenz. Wie Elisabeth Diller und Richard Scofidio es formulierten: »Yesterday's pathologies have become inverted: the fear of being watched has transformed into the fear that no one is watching.«[26]

[26] Diller+Scofidio, »Post-paranoid surveillance«, in: Thomas Y. Levin, Ursula Frohne, Peter Weibel (Eds.), CTRL [Space] (Cambridge MA et al.: MIT-Press, 2002), p. 354.

Tom Holert
Sichtbeton
Wege des Transparenzgebots

1. Durchsichtig, aber nicht durchlässig

Aufgrund seiner normativen Dimensionen, seiner Geschichte als ästhetische Kategorie und Metapher, aber auch in Folge seiner – gewissermaßen »durchsichtigen« – Mehrdeutigkeit und Polyvalenz stellt der Begriff der Transparenz eine besondere Herausforderung für eine Diskursanalyse, Ideologiekritik, historische Semantik, für Theorien des Visuellen oder eine politische Ökonomie von Zeichen dar. In der Kultur der Moderne, Spät- und Postmoderne hat sich die Beziehung zwischen Transparenz und ihrem vermeintlichen Gegenteil, der Opazität, immer wieder auf signifikante Weise verschoben: von der Ablösung des traditionellen Modells einer mimetischen Repräsentation, in der die Materialität des Mediums – und dessen Undurchsichtigkeit – zugunsten eines vermeintlich ungehinderten Durchgreifens auf die Wirklichkeit weitgehend negiert wurde, bis zu den verschiedenen Konjunkturen eben jener Materialität und ihrer je unterschiedlichen Grade von Intransparenz, Selbstreferenzialität, Unlesbarkeit. Die betonte Materialität des Kunstwerks wurde wiederum zum Auslöser von und Anlass für Strategien der Entmaterialisierung, die allerdings die materielle Schwelle zwischen Darstellung und Dargestelltem nicht gänzlich aufhoben, sondern zum Verhandlungsgegenstand erklärten. Solche Strategien reichten von den Entwürfen und der Propaganda der gläsernen Baukörper (»den gut ventilierten Utopien eines Scheerbart«, wie Walter Benjamin in den 1920er-Jahren schrieb)[1] bis zur Konzeptkunst.

Doch hielt die Hoffnung auf eine ungehinderte, reibungsfreie, von Widerständen des Materials erlöste Transparenz der Mimesis und Semiosis nicht lange an. Man könnte auch sagen: Ästhetische Reflexion in und seit der Moderne ist letztlich gleichbedeutend mit der Ausbildung jener Kompetenz, die dazu befähigt, mit Nicht-Transparenz umzugehen und allfällige Transparenz-Behauptungen (wie etwa die, dass Glas der »Feind des Geheimnisses« und der

---

[1] Walter Benjamin, »Der Surrealismus. Die letzte Momentaufnahme der europäischen Intelligenz« [1929], in: ders., *Gesammelte Schriften*, Rolf Tiedemann, Hermann Schweppenhäuser (Eds.), *Aufsätze, Essays, Vorträge*, vol. 2/1 (Frankfurt|M: Suhrkamp, 1977) pp. 295–310, p. 303.

[2] vid. Walter Benjamin, »Erfahrung und Armut«, in: ibid., p. 217.

[3] vid. Anthony Vidler, unHEIMlich, Über das Unbehagen in der modernen Architektur [1992] (Hamburg: Nautilus, 2002), p. 270f.

»Feind des Besitzes« sei)[2] kritisch zu befragen oder – wie Marcel Duchamp, Man Ray und Georges Bataille – mit Staub zu bedecken, um so wiederum den Universalismus der Moderne und dessen Transparenzgebote aufzudecken.[3]

Zugleich lässt sich beobachten, wie der Transparenzbegriff als para-ästhetische Kategorie in Politik und Ökonomie reüssiert. Überall dort, wo gegenwärtig Modelle des Regierens, wie *good* oder *global governance*, erprobt werden, spielt die Berufung auf Transparenz eine wichtige Rolle. Besonders gilt dies seit dem Ende des Kalten Krieges, seit *Glasnost* (was etwa »Informationsfreiheit« bedeutet), dem großen psychodramatischen Prozess der Demaskierung der Sowjetunion. Unter den Bedingungen eines globalisierten Kapitalismus neoliberaler Prägung re-formierten sich die Beziehungen zwischen politischen und ökonomischen Akteuren, zwischen Staaten und Unternehmen, zwischen Konstruktionen von »Öffentlichkeit« und »Privatheit«. Dies geschah nicht nur im Osten, sondern im Maßstab der Gesamtheit transnationaler Organisationen, Korporationen und Prozesse des »Empire«.[4] Je unübersichtlicher und verflochtener die Verhältnisse im Empire werden, desto drängender erscheint die Forderung nach Entflechtung, Rechenschaft, Transparenz. Die Offenlegung der institutionellen und geschäftlichen Prozesse gehört zu den Ritualen einer sich »reflexiv« wähnenden Moderne. Aufgeklärt über die symbolische Notwendigkeit, Transparenz zu performen, weil so die systematische Perforierung der Privatsphäre von Kunden, Mitarbeitern und Geschäftspartnern viel leichter legitimiert und vollzogen werden kann, gebärden sich die transnationalen Organisationen und Korporationen wie die Lordsiegelbewahrer eines erz-modernistischen Ideals.

Gelegentlich findet man im Briefkasten unaufgefordert eingeworfene Bekenntnisse zur Transparenz von transnationalen Konzernen. Ein Kundenschreiben des Strom- und Wasserversorgers Vattenfall an seine Berliner Kunden aus dem Jahr 2007 warb mit einer Inszenierung der Offenlegung, einem *disclosure*-Slogan: »Mehr Transparenz für unsere Kunden.« In solchen Fällen nimmt Marketing die Form vorauseilenden Gehorsams gegenüber den derzeit geltenden Maximen von Regulation und (Selbst-)Kontrolle an. Besonders eklatant aber sind die metaphorischen oder im Analogieschluss

4
vid. Michael Hardt, Antonio Negri, *Empire, Die neue Weltordnung* [2000] (Frankfurt | M: Campus, 2003).

5
In der Auseinandersetzung mit der Einwanderungspolitik der EU und ihrer einzelnen Mitgliedsstaaten bin ich gemeinsam mit Mark Terkessidis (vgl. zum Beispiel Tom Holert, Mark Terkessidis, *Fliehkraft, Gesellschaft in Bewegung – von Migranten und Touristen*, Köln, 2006) immer wieder mit extrem unübersichtlichen und asymmetrischen politischen und juristischen Konstellationen konfrontiert gewesen, die insbesondere Migranten keine Wahl lassen, als papierlos oder unter weitgehendem Verzicht auf bzw. Entzug von Rechtsansprüche(n) zu leben. Gleichzeitig aber sind die Bewegungen und Strategien einer emanzipatorischen/selbstermächtigenden Globalisierung von unten bzw. das, was der Postkolonialismus-Theoretiker Arjun Appadurai als *deep democracy* bezeichnet, notgedrungen von informellen Ökonomien/Arbeitsmärkten und transnationalen Netzwerken und der Existenz in Räumen prekärer Unsichtbarkeit geprägt, was autonome, staatsferne Strukturen und Verkehrsformen einschließt, eine »*civic invisibility that*

verlaufenden Übertragungen von Imperativen der Transparenz auf die unterschiedlichsten sozialen Situationen und politischen Machtkonstellationen. So liefert allein die Debatte um den »gläsernen Bürger« im Gefolge der Anschläge vom 11. September hinreichend Material dafür, wie sich »Aufklärung« im militärisch-geheimdienstlichen Sinne und »Aufklärung« im Interesse einer (auch gouvernementalen) Verpflichtung auf selbstverantwortliches und wachsames Verhalten fortwährend semantisch überlagern und durchdringen.

Die aktuelle Konjunktur des Transparenzkonzepts verrät dazu nochmals dessen mythische Züge. Die Hypostasierung von »Transparenz« naturalisiert und enthistorisiert die politisch-ökonomischen Verhältnisse und befördert, ausgerechnet mit Hilfe einer Metapher, die eine Kontinuität von Innen und Außen suggeriert, Einschlüsse und Ausschlüsse.[5] Da Transparenz immer auch dargestellt werden muss, um als solche identifiziert werden zu können, ist sie notwendig der Gegenstand oder das Ziel von materiellen und medialen Verkörperungen und Repräsentationen. In die so entstehenden Repräsentationsverhältnisse sind aber immer auch Machtrelationen eingeschlossen. So kann die *Durchsichtigkeit*, welche die Verwendung von Glas als Baustoff verspricht, durchaus als Provokation gelesen werden, konterkariert die undurchdringliche Materialität des Glases doch sehr konkret die physische und soziale *Durchlässigkeit*, die sie symbolisieren soll.[6]

2. Gebrochene Fenster

In »Zertrümmerte Fensterscheiben«, einem Zeitungsartikel von 1930, schreibt Siegfried Kracauer: »Die Leipziger Straße [in Berlin, Anm. des Verf.], auf der es gestern nationalsozialistisch zugegangen ist, sonnt sich heute um die Mittagsstunde im tiefsten Pazifismus. Inmitten zahlloser Passanten, die wie ich von der Neugierde hergetrieben werden, schlendere ich an den Läden vorbei, den Blick auf die Spiegelscheiben gerichtet. Sie spiegeln jetzt nur noch zum Teil. Das große Warenhaus am Leipziger Platz hat von seinem Glanz viel verloren. Manche seiner Scheiben sind zu negativen Spinnetzen geworden: dort, wo die Spinne zu sitzen pflegt, gähnt ein kleines Loch, und die Fäden sind Sprünge. [...] Ich gehe weiter und bemerke, dass die meisten Geschäfte immer noch aus Glas bestehen.

characterizes the urban poor« (Arjun Appadurai, »Deep Democracy. Urban Governmentality and the Horizon of Politics«, in: *Public Culture*, vol. 14, no. 1, Chicago, 2002, pp. 21–47, p. 36).

6
vid. Klaus Neundlinger, *Einübung ins Aufbegehren, ein Beitrag zur Materialgeschichte des Glases*, mit einer Einleitung von Stefan Nowotny, *Es kommt darauf an, Texte zur Theorie der politischen Praxis*, vol. 1 (Wien: Turia + Kant, 2005), p. 40f.

7
Siegfried Kracauer, »Zertrümmerte Fensterscheiben« [1930], in: ders., *Schriften*, Inka Mülder-Bach (Ed.), *Aufsätze 1927–1931*, vol. 5/2 (Frankfurt | M: Suhrkamp, 1990), p. 236f.

Die Steinwürfe scheinen sich nach der Religion gerichtet zu haben, denn in der Hauptsache sind die jüdischen Namen getroffen. Wenigstens hat sich der Krach ausgezahlt – für die Glaser. Sie sind schon eifrig bei der Arbeit und verpassen neue Spiegelscheiben, die dann wieder zerschlagen werden können. Ihr Anblick erschüttert mich, beweist er doch, dass das Leben sich immer wieder lautlos einrenkt. [...] Und sind auch Kriege und Revolutionen gewesen; hinterher kommen dann doch die Glasermeister, und es ist, als sei gar nichts passiert.«[7]

In Kracauers Erschütterung zeichnet sich die Figur des Glasers als die eines Agenten der Verleugnung des historischen Ereignisses ab. Die Zertrümmerung jenes Glanzes, den Kracauer (als Experte der urbanen Oberflächen und der sich in ihnen spiegelnden Zeitläufe der Weimarer Republik) am Kaufhaus der jüdischen Unternehmerfamilie Wertheim registriert, soll durch die ersetzende Aktivität des Glasers schnellstmöglich vergessen gemacht werden. Für die Glasereien sind die Attacken der nationalsozialistischen Schlägertrupps auf die Schaufenster der jüdischen Läden ein Geschäft, profitabler Effekt einer auf Gewalt basierenden Ökonomie, einer Ökonomie der Gewalt.

Der Anblick von zerborstenen Scheiben ist nicht nur ein Indikator von Antisemitismus, sondern auch in einer anderen Hinsicht geschäftsschädigend, weil er – solange der Glaser seine Arbeit nicht getan hat – den Blick auf die ausgestellten Waren verstellt. Denn der Schaufensterbummel soll ja nicht das Schaufensterglas zum Gegenstand haben, sondern das, worauf dieses den konsumierenden Blick

Reichskristallnacht
10. November 1938,
Berlin, Deutschland

freigibt: die ausgestellte Ware, die in einer komplexen Regie der Blicke und des Begehrens unzugänglich, aber käuflich hinter Glas präsentiert wird.

Was aber, wenn das Opakwerden dieser spektakulären Transparenz selbst zur Attraktion wird? Wie Kracauer beobachtete, waren die zertrümmerten Scheiben jüdischer Geschäfte schon 1930 ein die Aufmerksamkeit erregendes Schauspiel für die Passanten. Acht Jahre später, in und im Zuge der Nacht vom 9. auf den 10. November 1938, wurde die eingeschlagene Schaufensterscheibe zum visuellen Inbegriff der nationalsozialistischen Pogrome. Der umstrittene, weil euphemistische Name »Reichskristallnacht« kommt nicht von ungefähr. Er verweist auf die traumatische Durchdringung des optisch Faszinierenden und der faschistischen Gewalt – die Nacht und das Funkeln der zerschlagenen Besitztümer, im Namen von Reich und Volk. Das Kompositum »Reichskristallnacht« verdankt sich angeblich dem Berliner Volksmund, der damit seiner Kritik an den Ereignissen habe Ausdruck verleihen wollen. Nicht nur jüdische Historiker forderten dagegen immer wieder, auf diese Bezeichnung zu verzichten. Sie verharmlose die Morde, Zerstörungen und Plünderungen dieser Tage und Nächte, die das national wie international deutlich lesbare Zeichen der Radikalisierung des Antisemitismus waren.

Allerdings könnte eine kritische Analyse der Bezeichnung »Reichskristallnacht« helfen, Bedeutungen und ideologische Ziele dieser Inszenierung von Zerstörung und Tod zu begreifen. Denn das 1938 medial vielfältig dokumentierte und verbreitete Zerstörungswerk an Ladengeschäften, Synagogen und Wohnungen bei Fackelschein ist auch ein Kapitel der nationalsozialistischen Abwehr und Unterdrückung jener urbanen und nicht zuletzt jüdischen Modernität, die Kracauer in den Begriff »Glanz« gefasst hat und deren gezielte Zerstörung er 1930 bereits als ein symbolisches Produkt der SA-Attacken lesen konnte.

Im Englischen ist die Reichspogromnacht unter dem Namen »Night of Broken Glass« bekannt, die Nacht der zerbrochenen Fenster. Es ist merkwürdig und aufschlussreich, dass die Rede vom »broken glass« eine Fortsetzung in ordnungspolitischen Debatten seit den 1970er-Jahren finden sollte, vor allem in den USA im Kontext von Stadtentwicklung und Sicherheitsdiskursen. Die sogenannte Theorie der zerbrochenen Fenster, die »theory of broken windows«, wurde durch ein Experiment des Sozialpsychologen Philip Zimbardo von 1969 populär, der an zwei sehr unterschiedlichen Orten in den USA, in dem wohlhabenden kalifornischen Palo Alto und im Ghetto des New Yorker Stadtteils Bronx, vergleichbare abgemeldete Gebrauchtwagen mit offener Motorhaube abstellte, um die Reaktion der Bewohner dieser Orte auf diese Objekte zu testen. In Palo Alto blieb das Auto scheinbar unbemerkt und unangetastet, in der Bronx waren aus dem Wagen binnen weniger Stunden sämtliche entfernbaren Teile verschwunden. Nachdem in Palo Alto eine Woche verstrichen war, ohne dass etwas geschehen ist, zerschlug der Psychologe die Fensterscheiben des dort abgestellten Autos. Sofort sammelten sich Passanten, und bald wurde auch hier mit der Plünderung begonnen. Der Beweis, der mit diesem Experiment geführt werden sollte: Anzeichen von Verfall, zu denen eine zerbrochene Fensterscheibe, Graffiti oder öffentliches Urinieren gehören, schaffen eine Atmosphäre, in denen die Wahrscheinlichkeit von Verbrechen und Verwahrlosung steigt, weshalb entsprechend die Präsenz von Polizei erhöht werden muss.

Anfang der 1980er-Jahre lösten James Q. Wilson und George L. Kelling, zwei amerikanische Politologen, durch einen Zeitschriftenartikel mit dem Titel »Broken Windows«, der an das Experiment mit dem gleichen Namen von Philip Zimbardo anknüpfte, eine folgenreiche Debatte aus. Diese kreiste um die Kausalität zwischen äußeren Anzeichen des Niedergangs wie zerbrochenen Fensterscheiben, sozialem Verfall, gestörtem Sicherheitsempfinden, erhöhtem Polizeiaufwand und sinkenden Immobilienpreisen. Neue Konzepte der Nachbarschaftspflege und der Organisation von privaten Überwachungsdispositiven waren die Folge.[8] Die Sichtbarkeit des Unordentlichen, der Zeichen von irregulärem Verhalten und wachsender Indifferenz gegenüber der unmittelbaren Lebensumgebung sollte ordnungspolitisch erhöht werden. So wurde die Theorie der zerbrochenen Fenster in die entsprechenden stadtpolitischen und soziologischen Leitlinien integriert.

Für unser Thema ist die spezifische Sichtbarkeit und Lesbarkeit des zerbrochenen Fensters von Interesse – sowohl im Zusammenhang mit den nationalsozialistischen Pogromen

8
vid. George L. Kelling, James Q. Wilson, »Broken Windows, The Police and neighborhood safety«, in: *The Atlantic Monthly* (Washington D. C., March 1982), online: http://www.theatlantic.com/doc/198203/broken-windows [9. Juni 2008].

wie im Zusammenhang der urbanistischen und sozialwissenschaftlichen Debatten der zweiten Hälfte des 20. Jahrhunderts. Der Anblick der zersplitterten Fenster wird in beiden Fällen zu einem Bild der Angst und der traumatischen Zerstörung. Die sichtbare Zerstörung jüdischen Eigentums hatte für die Nationalsozialisten Vorbildfunktion, sie sollte zur Nachahmung animieren; sie war zudem durch ihre mediale Verbreitung legitimiert und konnte sich auf einen ganzen Katalog antisemitischer Ressentiments stützen. Wie in der »broken windows«-Theorie signalisierte der Anblick von Glasbruch im Nationalsozialismus einen Niedergang, die forcierte Visibilität des Verfalls wurde zum Vorboten des Holocausts. Andererseits ist die scheinbare Zwangsläufigkeit, mit der das »broken window« zum Symbol der sozialen Krise wird und damit die intakte Glasscheibe zum Symbol der Ordnung macht, ihrerseits ideologisch. Begriff und Praxis der Transparenz erweisen sich als propagandistisch-gouvernementale Instrumente der Agitation. Sie haben den Charakter von Aufforderungen und motivieren und gestalten so Verhalten.

3. Trauma und Demokratie

Das Konzept der Transparenz ist gekennzeichnet durch seine dialektische Beziehung zum Trauma. Die traumatische Dimension der Transparenz erweist sich in eben jener Verletzlichkeit, die mit einer vollkommenen Durchsichtigkeit, Durchlässigkeit und Unmittelbarkeit einhergehen kann, aber auch in der potenziellen Gefährdung der totalen Luzidität, der stets drohenden Beeinträchtigung der Transparenz durch die Verschmutzung, Trübung, Erblindung oder Zerstörung der Glasscheiben. Transparenz wird eigentlich immer dann traumatisch, wenn ihre Materialität und Historizität thematisch wird, wenn sie selbst zur Darstellung kommt. Gerade weil der Begriff der Transparenz in den imaginären Zonen von Aufklärung und Demokratie operiert, ist er eminent bedroht. Die Semantik von Transparenz ist verschränkt mit anderen optischen Metaphern wie Licht und Erleuchtung, Offenheit und Klarheit (und Auf-Klärung, *enlightenment, lumières*), *bienveillance* und *surveillance*. Außerdem ist Transparenz, wie erwähnt, assoziiert mit Maximen wie Informationsfreiheit und Bürgerpartizipation oder mit der Rechenschaftspflicht (*accountability*) von Staaten und Unternehmen.

Von Colin Rowe und Robert Slutzky stammt die Unterscheidung zwischen einer »literalen« (buchstäblich-wirklichen) Transparenz und einer »abstrakten« (im erweiterten Sinne zu verstehenden) Transparenz. Nach Gyorgy Kepes, dessen Definition Rowe und Slutzky folgen, »enthält Transparenz mehr als ein optisches Charakteristikum«, sie schließt vielmehr eine »umfassendere räumliche Ordnung« ein, die »gleichzeitige Wahrnehmung von verschiedenen räumlichen Lagen«. Danach wäre Transparenz die Überlagerung von transparenten Figuren, die gerade nicht Durchsichtigkeit, sondern Ambivalenz bedingt. »Dieser Definition zufolge«, so Rowe und Slutzky, »hört Transparenz auf, das zu sein, was vollkommen klar ist, und wird stattdessen zu etwas, das deutlich zweideutig ist.«[9] Die Grenze verläuft hier zwischen Transparenz als Durchsichtigkeit des Baumaterials einerseits und Transparenz als Organisationsprinzip und Durchdringung von Flächenwerten in der Schicht-Methodik der kubistischen Malerei andererseits. Denkt man diese architekturtheoretische Differenzierung, die zur Hoch-Zeit des Internationalen Stils und seiner Ästhetik der Transparenz formuliert wurde, weiter (denn Rowe und Slutzky selbst enthalten sich jeder Übertragung ihrer Unterscheidung auf eine erweiterte Semantik des Begriffs Transparenz), ermöglicht sie es unter anderem, die buchstäblich durchsichtige Glasfassade als Funktion eines nicht nur architekturimmanenten Diskurses über Transparenz zu erkennen.

Das Regierungsviertel in Berlin bietet eine Vielzahl von Beispielen für architektonische Entwurfsstrategien, die darauf zielen, Transparenz als visuell-formale Qualität eines wahrhaftigen und auf Offenheit angelegten demokratischen Regierens zu inszenieren. So könnte man das Marie-Elisabeth-Lüders-Haus, die Parlamentsbibliothek, von Stephan Braunfels

[9]
Colin Rowe, Robert Slutzky, *Transparenz*, mit einem Kommentar von Bernhard Hoesli und einer Einführung von Werner Oechslin, *Geschichte und Theorie der Architektur*, vol. 4 (Basel et al.: Birkhäuser, 1997), p. 22f.

Erste Parlamentssitzung, 7. September 1949

mit ihrem Glasvorhang vor weißen opaken Wänden, als ein Beispiel für die Ambivalenz des Transparenzgebotes lesen. Vor allem jedoch der wilhelminische Bau des Reichstages nach den Plänen Paul Wallots, ein schon zu seiner Entstehungszeit umstrittenes Gebäude, ist durch Norman Fosters begehbare gläserne Kuppel zu einem Symbol der bundesdeutschen Transparenzanstrengung geworden. Die Kuppelkonstruktion bekrönt nicht nur den festungsartigen Trutzbau, ihr Unterbau durchdringt ihn auch im Inneren, wobei dem Publikum erlaubt sein soll, einen freien Blick auf das Parlament zu werfen. Die traditionelle Assoziation der Bonner Nachkriegsdemokratie mit einer Architektur des freien Blicks auf die Prozesse und Protagonisten der vermeintlich vom Nationalsozialismus gereinigten Bundesrepublik, stand bei Fosters Intervention noch sichtbar Pate. Zugleich wirkt die Geste wie ein den historischen Widerständen, verkörpert in Wallots Reichstagsgebäude, abgerungenes Zugeständnis an das Transparenzgebot, das seit der Gründung der Bundesrepublik im Zentrum der staatlichen Repräsentation steht.

»Ich habe gewünscht, dass das deutsche Land der parlamentarischen Arbeit zuschaut«, schrieb 1949 Hans Schwippert, der Architekt des alten Bundeshauses in Bonn. Fotografien zeigen die Besucher der ersten Sitzung des Bundestags am 7. September 1949, wie diese auf Tribünen draußen vor dem Plenarsaal sitzen und hineinschauen. Schwippert weiter: »So bekam der Saal zwei Fensterwände, jede 20 Meter lang, vom Boden bis zur Decke ausgedehnt. [...] Man sieht durch sie den Rhein, das gegenseitige Ufer, man betritt durch die Fenstertüren die nördliche und die südliche Gartenterrasse [...]. Ich wollte ein Haus der Offenheit, eine Architektur der Begegnung und des Gesprächs. Ich fürchtete, nicht verstanden zu werden. Ich wurde verstanden [...].«[10]

Schwipperts Transparenzdiskurs gehört zum Mantra der Republik nach dem Nationalsozialismus, zum Versuch, an demokratische Prinzipien in der Ästhetik des Neuen Bauens der Weimarer Republik anzuschließen. Die Nachvollziehbarkeit dieser architektonischen Symbolik der Öffnung und Teilhabe war für Schwippert vier Jahre nach dem Ende der nationalsozialistischen Herrschaft allerdings – wie man diesem Text entnehmen kann – keineswegs selbstverständlich. Dennoch, das Vertrauen in die reinigende Kraft einer Architektur von

[10] Hans Schwippert, »Das Bonner Bundeshaus« [1949], in: ders., *Denken, lehren, bauen* (Düsseldorf et al.: Econ, 1982), pp. 179, 184.

Glas und Durchblick war groß. In ihr verkörperte sich das Versprechen von Authentizität und Demokratie, vom gläsernen Parlamentarier.

Jahrzehnte nach der Wiederentdeckung der repräsentativen Demokratie und ihren architektonischen und sonstigen symbolpolitischen Entsprechungen, bleibt auch das Mitteilungsblatt des österreichischen Parlaments der Fantasie der Durchschaubarkeit der gesellschaftlichen Akteure, von Politikern wie Bürgern gleichermaßen, verpflichtet: Im Jahr 2006 wurde ihm ein neuer Titel gegeben – *Parlament transparent*. Schon im Vorgängerzirkular hatte man das Transparenzthema sehr ernst genommen; berichtet wurde hier von den Bürgern, denen in einer informatisierten Gesellschaft Zugänge zu den parlamentarischen und anderen Entscheidungsprozessen organisiert werden sollten. Diese Bürger wurden auch auf der Ebene des Grafikdesigns des Mitteilungsblatts positioniert und navigiert. Die schematische, modulorhafte Figur des Ideal- oder Standardbürgers auf dem Umschlag von *Forum Parlament* befand sich auf dem Weg ins Zentrum einer stilisierten Arena der Plattformen und Entscheidungszentren. Der Weg ist vorgezeichnet, aber die Überforderung der Subjekte ebenfalls. Das Wahrnehmen des Angebots an Transparenz erscheint in der Umschlaggrafik an das Eintreten in einen dicht bestückten Raum der Überwachung und des Überwachens gebunden, in dem das Bürger-Individuum wie eine Spinne im Netz oder eher noch wie der Wächter im Bentham'schen Panopticon erscheint, seine Interventionsmöglichkeiten jedoch zugleich an sehr dünnen Fäden zu hängen scheinen.

Bei Michel Foucault heißt es über das panoptische Diagramm der Beziehungen der Macht zum Alltagsleben der Menschen und die politische Technologie, mit der Individuen im Raum der Gesellschaft angeordnet und verteilt werden: »Die Sehmaschine, die eine Art Dunkelkammer zur Ausspähung der Individuen war, wird ein Glaspalast, in dem die Ausübung der Macht von der gesamten Gesellschaft durchschaut und kontrolliert werden kann.«[11] Diese alles penetrierende Technologie findet ihr Pendant in der Ökonomisierung der Macht, der Beschleunigung und Erleichterung ihrer Ausübung, der Steigerung von Produktivität und Leistung. Diesen Zustand verallgemeinerter Transparenz kann man, ebenfalls im Anschluss an Foucault,

[11] Michel Foucault, *Überwachen und Strafen, Die Geburt des Gefängnisses* [1975], übersetzt von Walter Seitter (Frankfurt | M: Suhrkamp, 1976), p. 267.

als »Gouvernementalität der Gegenwart« oder, mit Gilles Deleuze, als »Kontrollgesellschaft« ansprechen. Verschränkt finden sich hier stets implizite und explizite Rationalitäten, von diskursiven und nicht-diskursiven Programmen des Regierens. Und die Rhetorik und Ästhetik der Transparenz sind Elemente dieser Rationalitäten, die auf dem breiten Spektrum zwischen metaphorischer und buchstäblicher Bedeutung operieren.

4. Gefährdung der Klarsicht

Transparenz-Paradigma und Menschen- oder Bürgerbild werden und wurden immer zu ideologischen Einheiten und Aussagen artikuliert, zusammen-gezogen. An dieser Stelle sei noch einmal zurückgesprungen in die Zeit, in der Transparenz als ästhetisch-politisches Instrument einer Reorganisation von Gesellschaft diente. Entlang der Maßgaben einer traditionskritischen, revolutionären Idee vom Neuen Menschen, der sich von der alten Ordnung in die Welt von Maschine, Technik, Sport, Geschwindigkeit usw. hinein befreit, war der Transparenzbegriff seit den 1920er-Jahren mit allen möglichen Vorstellungen über die Vorzüge maximaler Sichtbarkeit, über die Herstellung eines Kontinuums von Innen und Außen, von privat und öffentlich, von Natur und Kultur, über die Aufhebung des Trennenden und die Gewinnung einer demokratischen Form aufgeladen.

Beim Wiederlesen der architekturtheoretischen Manifeste der Moderne kann einem die Bedeutung und die Hypertrophie, der Exzess dieses Transparenzverständnisses noch einmal so recht aufgehen – transparent werden. In einem der explizitesten Texte der 1920er-Jahre zu dieser Frage, in Sigfried Giedions Pamphlet *Befreites Wohnen* von 1929 werden die Polaritäten ausbuchstabiert: das Teure, Monumentale, Festungsartige, Dunkle, Gefängnishafte der traditionellen Bauweise und dagegen das »Haus, das unserem Lebensgefühl entspricht. Dieses verlangt: LICHT, LUFT, BEWEGUNG, ÖFFNUNG.« – »SCHÖN ist ein Haus, das an Stelle von Schatten (Fensterpfeiler) Licht hat (Fensterwände).«[12] – »Wir brauchen heute ein Haus, das sich in seiner ganzen Struktur im Gleichklang mit einem durch Sport, Gymnastik, sinngemäße Lebensweise befreiten Körpergefühls befindet: licht, lichtdurchlassend, beweglich. Es ist nur eine selbstverständliche Folge, dass dieses geöffnete Haus auch eine

12
Sigfried Giedion, *Befreites Wohnen* [1929] (Frankfurt | M: Syndikat, 1985), p. 6.

[13] ibid., p. 8.

[14] Jean Starobinski, *Rousseau, Eine Welt von Widerständen* [1971], übersetzt von Ulrich Raulff (München et al.: Hanser, 1988), p. 384.

Widerspiegelung des seelischen Zustandes bedeutet. Es gibt keine isolierten Angelegenheiten mehr. Die Dinge durchdringen sich.«[13]

Diese Totalität der Transparenz, Transparenz als Prinzip einer politischen und historischen Formation, hat phantasmatische Züge, und sie ist bedroht. Denn dieses normativ wirksame modernistische Ideal, diese idealisierende Norm beruht letztlich auf dem Bewusstsein ihrer permanenten Gefährdung und Negation sowie der dauerhaften Abgrenzung von dieser Negation. Mit anderen Worten: Transparenz, diese Metapher einer politischen Visualität und visuellen Politizität, ist nicht zu denken ohne Rücksicht auf Opazität und Sichtbehinderung, ohne Hinblick auf die Blockade des Blicks, der Schattenbildung, der Reflexion.

Jean-Jacques Rousseau, einer der frühen Theoretiker der Transparenz, imaginierte im 18. Jahrhundert eine Existenz des Gefühls, in der vollkommene Unmittelbarkeit, blindes Verstehen, absolute Durchsichtigkeit der Zeichen herrscht – die »starre, kristalline Transparenz des Gefühls der Existenz«.[14] Aber Rousseau war ebenso bewusst, dass jede Reflexion (im physikalischen Sinne einer Spiegelung, aber auch im psychologisch-philosophischen einer Tätigkeit des Reflektierens) diese Vollkommenheit der Transparenz stört, ja unweigerlich zerstört.

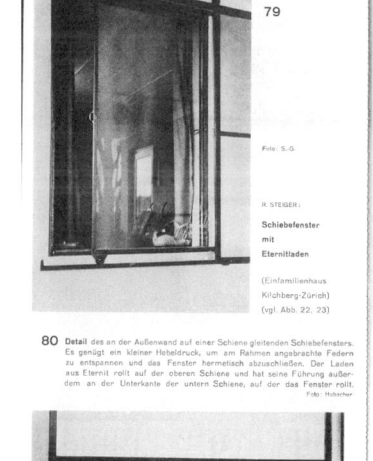

Sigfried Giedion, *Befreites Wohnen*, 1929

Der Literaturwissenschaftler Jean Starobinski schreibt in seinem Rousseau-Buch (mit dem Originaltitel *Transparence et opacité*): »Das Bewusstsein ist Transparenz, aus welcher getrübte Formen hervortreten, einer Glasplatte gleich, die uns durch ihre Spiegelungen oder ihren Beschlag sichtbar wird; doch dadurch kompromittiert sich die Transparenz in ihrem Sichtbarwerden selbst.«[15]

15 ibid., p. 385.

Es gibt also keine Möglichkeit, auf Transparenz zu deuten, sie zu visualisieren und zu thematisieren, ohne dass man sie dadurch nicht zugleich beeinträchtigen würde. Transparenz ist, solange man sie nicht sieht und sichtbar werden lässt, eine unbeschreibliche, weil sich jeder sprachlichen Repräsentation entziehende Kategorie. Trotzdem (oder gerade deswegen) eignet sich Transparenz für symbolpolitische Aufträge. Groß ist der Bedarf an den in diesem Begriff historisch akkumulierten Assoziationen. Sie korrespondieren mit einem in sich durchaus widersprüchlichen Ensemble von Werten, Prinzipien und Eigenschaften wie: Authentizität, Abbildtreue, Unmittelbarkeit, Unverfälschtheit, Offenheit, Vertrauenswürdigkeit, Kontrolle, Demokratie, Wahrheit, Verständlichkeit, Klarheit.

Dabei stellt sich bald heraus, dass Transparenz eigentlich eher eine Frage von Modalitäten als von Gegenständen ist, obwohl immer wieder – gerade in der Architektur – auf die vermeintlich machbare Gegenständlichkeit von Transparenz, oder besser auf die Effekte einer in Bauten realisierten Ästhetik der Transparenz gesetzt wird.

5. Gegen Klartext

Hier ergibt sich noch einmal Gelegenheit, auf die spezifische Fragwürdigkeit jeder undialektisch formulierten Idee von Transparenz zu verweisen. In seinen Frankfurter Vorlesungen zur *Philosophischen Terminologie* aus dem Jahr 1962 kommt Theodor W. Adorno auf eine Forderung seines philosophischen Lehrers, des Neukantianers Hans Cornelius zu sprechen. Cornelius hat – zu Beginn des Jahrhunderts – den Begriff der Wissenschaft als Streben nach Klarheit und den Begriff der Philosophie als eine die Einzelwissenschaften überwölbende Erkenntnisform, als Streben nach letzter Klarheit definiert. Mit Descartes gedacht, so Adorno, »bedeutet die Forderung nach Klarheit die Durchsichtigkeit der Vorstellung in sich und die Distinktheit die deutliche Unterscheidung von anderen Vorstellungen. Was dabei das Enttäuschende ist«, so Adorno weiter, »ist, daß dieses Attribut der höchsten Klarheit als eine Bestimmung der Philosophie lediglich eine Bestimmung des Wie« sei, während sie über »das Was« nichts aussage.[16] Adorno sieht das Problem der Forderung nach Klarheit letztlich im Unterschied zwischen einem subjektiven und einem objektiven Wahrheitsbegriff. Denn als klar oder durchsichtig mag subjektiv alles Mögliche erscheinen, Subjektivität ist in diesem Zusammenhang vor allem eine Frage der Vermittlung, während der objektive philosophische Gehalt auf der Strecke bleibt.

Adorno erinnert sich weiter, dass der direkte Nachfolger auf dem Lehrstuhl von Cornelius, Max Scheler, einen geradezu diametral entgegengesetzten Irrationalismus vertreten habe. In einem Spiel um sogenannte letzte Worte habe Scheler den (dem sterbenden Goethe zugeschriebenen) Ausspruch »mehr Licht« umgekehrt und nach »mehr Dunkel« verlangt. Für Adorno war dieses Gegeneinander seiner Lehrer Cornelius und Scheler »ein Stück unfreiwilliger Dialektik zwei beamteter Inhaber desselben Lehrstuhles«.[17] Und er folgerte: »Es ginge also wirklich sowohl um letzte Klarheit wie um mehr Dunkel, und das Kunststück, diese beiden grob widersprechenden Desiderate in ihrer Identität zu entfalten, das wäre am Ende nicht einmal so eine schlechte Definition der Philosophie; [...]«[18]

Etwa dreißig Jahre nach Adornos Vorlesung sieht sich Judith Butler, eine Philosophin in der Tradition Adornos, dem Vorwurf ausgesetzt, sie pflege in ihren Büchern einen obskurantistischen, dunklen Stil. Im Vorwort der Neuausgabe

---

16 vid. Theodor W. Adorno, *Philosophische Terminologie*, vol. 1 (Frankfurt | M: Suhrkamp, 1973), p. 209f.

17 ibid., p. 212.

18 ibid., p. 213.

ihres 1989 erschienenen Klassikers *Gender Trouble* aus dem Jahr 1999 reagiert Butler auf diese Vorwürfe mit einem echt adornitischen Argument: Das Verlangen nach »Klartext«, das heißt nach regelgerechter, grammatisch korrekter, unmittelbar einleuchtender, intelligibler Sprache, kurz: nach Verständlichkeit und Transparenz sei eine Zumutung und hochgradig ideologisch, weil diese Forderung die sprechende|schreibende Person normalisierend zurichte. »Die Forderung nach Luzidität vergisst das Betrügerische, das den demonstrativ ›klaren‹ Blick antreibt. [Man denke nur] an den Augenblick, in dem Nixon in die Augen der Nation blickte und sagte, ›lassen Sie mich eine Sache vollkommen klar stellen‹ [let me make one thing perfectly clear] und dann mit dem Lügen fortfuhr. Was segelt unter dem Zeichen der ›Klarheit‹ daher? Und was wäre der Preis, den man zahlen müsste, wenn man nicht einen gewissen kritischen Verdacht äußern würde, sobald das Eintreffen der Luzidität angekündigt wird? Wer verfügt über die Protokolle der ›Klarheit‹ und wessen Interessen dienen diese? Was ist ausgeschlossen durch eine von provinziellen Transparenz-Standards definierte Kommunikation? Was hält ›Transparenz‹ im Dunkeln?«[19]

Die Forderungen nach Transparenz, Luzidität und Intelligibilität, so soll man auf diese rhetorische Frage antworten, verdunkeln vor allem ihre eigenen Bedingungen und Voraussetzungen; sie versperren den Blick auf ihre jeweilige Perspektive und die spezifischen Ziele jeder Aufklärung. Transparenz dient als Mittel einer Rhetorik zur Durchsetzung definierbarer politischer oder ökonomischer, auch kultureller Interessen; was auch deshalb gut funktioniert, weil sie sich vorzüglich in Ja|Nein-, Gut|Schlecht-, Wahr|Falsch-Binaritäten eingliedern lässt.

Auch und gerade die hegelianische beziehungsweise posthegelianische Tradition des dialektischen Materialismus pflegte ein seltsam undialektisches Vertrauen zu solchen Dualismen und zu der Möglichkeit des Durchblicks, einer handelnden Durchdringung der gesellschaftlichen Wirklichkeit und der Wirklichkeit des geschichtlichen Prozesses[20] – mit dem Ziel der Veränderung ihrer Totalität. »Die fertige Gestalt der ökonomischen Verhältnisse, wie sie sich auf der Oberfläche zeigt, in ihrer realen Existenz, und daher auch in den Vorstellungen, worin die Träger und Agenten dieser

---

19
Judith Butler, »Preface« [1999], in: dies., *Gender Trouble, Feminism and the Subversion of Identity* (New York et al.: Routledge, 1999). [Übersetzung d. Verf.]

20
Georg Lukács, *Geschichte und Klassenbewusstsein, Studien über marxistische Dialektik* [1923] (Darmstadt et al.: Luchterhand, 1968), p. III.

Verhältnisse sich über dieselben klar zu werden suchen«, schreibt Marx im dritten Band des *Kapitals*, »sind sehr verschieden von, und in der Tat verkehrt, gegensätzlich zu ihrer inneren, wesentlichen, verhüllten Kerngestalt und dem ihr entsprechenden Begriff.«[21]

In dieser Tradition marxistischen Denkens werden permanent Schleier fortgerissen und Blicke freigegeben, Verblendung und Illusion aufgehoben zugunsten einer transparenten, unverfälschten Ansicht der kapitalistischen Verhältnisse – und das Subjekt dieser kämpferischen Transparenz ist für die marxistischen Theoretiker bekanntlich nicht der einzelne Bürger, der sich im öffentlichen System eine (Selbst)Auskunft holt, sondern die Arbeiterklasse als im und durch das Handeln zur unmittelbaren Erkenntnis der gesellschaftlichen Wirklichkeit befähigte kollektive Instanz. Dabei hat diese gewissermaßen leichtes Spiel, denn ihr sind die Vorgänge absolut transparent: »Gerade weil der immanente Sinn der Wirklichkeit in immer stärkerem Glanze aus ihr herausstrahlt«, schreibt Georg Lukács um 1920, »ist der Sinn des Geschehens immer tiefer innewohnend in die Alltäglichkeit, die Totalität in die raum-zeitliche Momenthaftigkeit der Erscheinung versenkt«,[22] aus der sie durch die Reflexionsarbeit und den Klassenkampf herausgetrieben wird. Die Dialektik allein entlarve »die Wirklichkeit verhüllende Funktion des fetischistischen Scheins, der alle Phänomene der kapitalistischen Gesellschaft umgibt«.[23]

Fortschritt, auch technischer Fortschritt, wäre demzufolge dann zu verzeichnen, wo diese Hülle des Scheins diaphan, durch-scheinend, wird. In diesem Sinne kann wohl auch Walter Benjamins Eintrag im *Passagen-Werk* gelesen werden, in dem es heißt, dass das Gelingen und der Fortschritt »*technischer* Gestaltungsformen (im Gegensatz zu den Kunstformen) [...] der Durchsichtigkeit ihres gesellschaftlichen Inhalts proportional sind. (Daher Glasarchitektur).«[24] Der Bezug, etwa auf die Fagus-Werke in Alfeld, entworfen von Walter Gropius und Adolf Meyer, 1910–1911, bleibt implizit, aber unübersehbar. Die vertrauensvolle Analogie von Architektur und Gesellschaft, gerade unter marxistischen Theoretikern, hat sich sehr lange gehalten. Aufdecken und Ausleuchten galten bis weit ins 20. Jahrhundert hinein als unumstrittene

[21] Karl Marx, *Das Kapital*, vol. 3, in: ders., Friedrich Engels, *Werke*, Institut für Marxismus-Leninismus beim ZK der SED (Ed.), vol. 25 (Berlin, 1957), p. 219.
[22] Georg Lukács (1968), p. 93.
[23] ibid., p. 78.
[24] Walter Benjamin, *Passagen-Werk*, in: ders., *Gesammelte Schriften*, Rolf Tiedemann (Ed.), vol. 5/1 (Frankfurt | M: Suhrkamp, 2001), p. 581.

Verfahren, die quer über das politisch-kulturelle Terrain hinweg im Interesse des Fortschritts anzuwenden waren.

Noch über fünfzig Jahre nachdem der junge Lukács die oben zitierten Sätze über die »Wirklichkeit verhüllende Funktion des fetischistischen Scheins« geschrieben hat, konnte man Transparente finden, die ankündigen: »Unser Ziel ist es, aus einer Zusammenstellung der Erscheinungen der wirklichen Obszönität, wie sie sich im kapitalistischen System darstellt, das Wesen eben dieses Systems durchsichtig zu machen.« Die großformatige Projektbeschreibung hing 1970 in einem Klassenraum der Werkkunstschule Bielefeld und demonstrierte ein weiteres Mal die spezifische, klassenkämpferische Verwendung einer Sprache der Dualität von Wesen und Erscheinung, ein offenbar grenzenloses Zutrauen zur epistemologischen Kraft des Marxismus. Die klare Sicht, die Unmittelbarkeit des Ausdrucks und das Durchsichtigmachen des Wesens des kapitalistischen Systems waren hier noch unbezweifelbar erfolgversprechende Strategien der Kritik.

6. Verfügbare Modalität der Transparenz

Während die Rhetorik des Durchblickens und Durchsichtigmachens die Diskurse der politischen und medialen Kontrolle ökonomischer Prozesse und der ökonomischen und medialen Kontrolle staatlicher Vorgänge und Entscheidungen erreicht hat, ist Transparenz zugleich jede überhistorische Evidenz losgeworden; niemand glaubt mehr an ihr Versprechen. Aber darauf, dass die Botschaft der Behauptung von oder Forderung nach Transparenz trotz ihrer notwendigen Mehrdeutigkeit, ihren Adressaten erreicht und Wirkung zeigt, wird weiterhin gebaut. *Morning Cleaning, Mies van der Rohe Foundation, Barcelona*, 1999, eine großformatige Leuchtkasten-Fotografie von Jeff Wall (der Künstler spricht – vielleicht bezeichnenderweise – von *transparencies*), soll zeigen, wie die Glasarchitektur des Barcelona-Pavillons von Mies van der Rohe auch der Gegenstand einer Instandhaltungsarbeit an ihrer Transparenz ist, einer Arbeit, die in den vor-öffentlichen Morgenstunden verrichtet wird, von Reinigungskräften, die in den Bildräumen der modernistischen Transparenz gemeinhin fehlen, denn die architektonische Rhetorik der Transparenz verfehlt (oder ignoriert, ja camoufliert) die politisch-ökonomischen Bedingungen, denen sie sich verdankt und denen sie dient.

Die Form – mit Adorno: die Modalität – des Transparenten ist frei verfügbar, insbesondere auch für die effektvollen Kontrastierungen mit ihrem Gegenteil – der Opazität, Undurchdringlichkeit usw. Dazu zwei aktuelle Beispiele: In Berlin-Mitte, an der Ecke Reinhardtstraße|Albrechtstraße, steht ein 1942 errichteter Hochbunker. Im Zweiten Weltkrieg wurde er als Wohnhaus getarnt und diente der Unterbringung der Reichsbahnmitarbeiter vom nahe gelegenen Bahnhof Friedrichstraße. Nach dem Krieg widmete ihn die Rote Arme zum Kriegsgefangenenlager um. In den 1990er-Jahren beherbergte er einen legendären Technoclub.

Die Außenwände aus massivem Stahlbeton haben eine Dicke von 1,80 m und das Dach besteht aus 3,10 m dickem Stahlbeton. Beim Bau wurde sogenannter »Blauer Beton« verwendet, damals einer der widerstandsfähigsten Baustoffe, der erst nach etwa dreißig Jahren voll ausgehärtet ist. Die Oberfläche wurde als unbehandelter Sichtbeton belassen, der noch Spuren der Bretterverschalung aufweist.

Ludwig Mies van der Rohe, Barcelona-Pavillon, 1929

Jeff Wall, Morning Cleaning, 1999

Im Frühjahr 2008 eröffnete der Werbeagenturbesitzer und Kunstsammler Christian Boros in diesem Hochbunker seine private Kunstsammlung. Mit dem Berliner Architekturbüro Realarchitektur errichtete er sich überdies auf dem Dach eine eingeschossige modernistische Villa, die ähnlich auch in den 1930er- oder 1940er-Jahren in Kalifornien hätte gebaut werden können. Zur Erschließung der auf dem Gebäude errichteten Wohnräume, berichten Realarchitektur, »sind allein aus der drei Meter starken Dachdecke des Bunkers 150 m^3 Beton gestemmt worden. [...] Die Wohnung auf dem Dach wird in einem großen und durch Oberlichter erhellten Raum betreten. Er öffnet sich nach allen Seiten, die raumhohe Verglasung erlaubt weite Blicke über die umliegende Dachlandschaft. Durchgängig 3,75 m hohe Stahlbetonwände und die Stahl-Glasfassade tragen das in Teilen weit auskragende Stahlbetondach mit 26 m Seitenlänge stützenfrei. Ein Dachüberstand von ebenfalls 3,75 m im Süden und im Westen sowie außen liegende verschiebbare Sonnenschutzelemente verschatten die Glasfassaden und sorgen für den sommerlichen Wärmeschutz. [...]

Hochbunker Reinhardtstraße | Albrechtstraße, Berlin, Umbau für die Sammlung Boros durch Realarchitektur, Berlin, 2008

Im Inneren des Bunkers ist die Architektur durch Entnahme von Decken und Wänden innerhalb des vorgefundenen räumlichen Systems entwickelt worden, welche den erhaltenen Details wie der neu einziehenden Kunst den notwendigen Raum lässt. […] Auch für die Wohnung ist eine reduzierte Architektursprache mit wenigen Details und präzise aufeinander abgestimmten Materialien gewählt worden. Die Räume werden durch den sichtbar gelassenen Beton der Wände und der Dachdecke geprägt. Dabei ist ausdrücklich keine Sichtbetonqualität beauftragt worden, die Spuren der Schalungs- und Betonierarbeiten tragen zur Lebendigkeit der Oberflächen bei. […] Für Fußböden, Waschtische, Badewanne und andere Details ist ein fränkischer Muschelkalk verwendet worden, dessen lebendige Farbigkeit zwischen dem Grau des Betons und dem dunklen Holz der Einbauten vermittelt.«[25]

Die historische und ästhetische Ironie, die Blaubetonarchitektur eines Hochbunkers mit einem gläsernen Flachbau in der Tradition der transparentistischen Moderne zu bekrönen, ist unübersehbar. Hier auf irgendwelche Absichten zu spekulieren, erscheint allerdings wenig sinnvoll. Auch ohne solche Hermeneutik der Intentionen von Bauherr und Architekten ist der Statement-Charakter dieses Projektes überdeutlich. Die Formeln der modernistischen Transparenz sind längst zeichenhaft und als Zitat disponibel. Sogar den Umstand, dass sich der Bauherr durch Dachgartenbepflanzung vor den Blicken aus der Nachbarschaft zu schützen sucht, mag man als verfügbar gewordenen Bestandteil der Geschichte und Nachgeschichte der Moderne ansehen.

Jeff Wall hat der Paranoia der Bewohner der modernistischen Glasarchitektur einen schönen Text gewidmet, in dem er diese als Vampire charakterisierte, die vor den Blicken, aber auch der nächtlichen Natur reflexartig die Vorhänge zuziehen.[26] Dieses Porträt des Subjekts der Moderne als eines traumatisierten Untoten schwankt zwischen Mitgefühl und Spott, zwischen liebevoller Zeichnung und ätzender Karikatur. Der gläserne, lichtdurchlässige Bungalow inmitten einer Parklandschaft ist die perfekte Angstarchitektur. Tagsüber kann man vom Glashaus im Park die Natur und den natürlichen Fluss der Dinge kontrollieren. Aber nur so lange diese Kontrolle nicht durch den Einbruch der Dunkelheit unterbrochen ist, lässt sich der Terror, welcher der theoretischen Unsichtbarkeit

25
Realarchitektur, »Wohnhaus | Sammlung Boros, Umbau eines denkmalgeschützten Luftschutzbunkers in Berlin-Mitte für einen Kunstsammler«, http://www.realarchitektur.de/downloads/Realarchitektur-Sammlung-Boros-de.pdf [9. Juni 2008].

26
Jeff Wall, »Dan Grahams Kammerspiel« [1982], in: ders., *Szenarien im Bildraum der Wirklichkeit. Essays und Interviews*, Gregor Stemmrich (Ed.) (Amsterdam et al.: Verlag der Kunst, 1997), pp. 89–187, hier vor allem p. 146f.

innewohnt, unterdrücken. Die »theoretische Unsichtbarkeit«, das ist die Unsichtbarkeit des modernistisch-männlichen Vampir-Subjekts. Nachts büßt dieses Phantom seine panoptische Kontroll-Souveränität ein. Es erlebt Angstzustände, verursacht durch die zum Spiegelkabinett mutierte Glasarchitektur. Die Spiegelungen lösen eine Krise, ein vampirisches Trauma aus.

Ein Transparenz | Intransparenz-Bauherr wie der Kunstsammler in Berlin versucht der Krise einer solchen »exzessiven Sichtbarkeit« natürlich mit Ironie zu begegnen. Das Trauma des in Transparenz-Phantasmen verstrickten modernistischen Subjekts ist hier längst abgelöst durch die performative Zurschaustellung des je eigenen Narzissmus. Durchlässigkeit und Spiegelung ergänzen einander in den Psychoarchitekturen eines von unternehmerischen Repräsentationsidealen durchsetzten Lebensstils der Gegenwart. Der Imperativ der Transparenz und deren Look sind so eng verzahnt, dass die Forderung umstandslos in deren Gestaltung (als Beeindruckungsarchitektur) übergeht.

Ateliers Jean Nouvel,
Gazprom-City,
Competition
St. Petersburg, 2006

7. Architektur der Abfallbeseitigung

Bei allen Aspekten von gesteigerter Sichtbarkeit und Spiegelung, die in der Begriffsbildung des Narzissmus zusammenschießen, handelt es sich um ein letztlich vollständig intransparentes Phänomen. Diese Intransparenz im Gewand demonstrativer Transparenzgesten begegnet einem auch in den architektonischen Megaprojekten der letzten Jahre. So ließe sich beispielsweise angesichts der Entwürfe für die Gazprom-City in St. Petersburg ohne weiteres vom narzisstischen Spektakel eines (institutionellen) Subjekts sprechen. Die Vorschläge, die einige der weltweit bekanntesten Architekturbüros für das geplante Geschäftsviertel des multinationalen, wenn auch russisch geprägten und der Putin-Regierung nahe stehenden Energiekonzerns Gazprom am Ufer der Newa eingereicht haben, spielen auf der Klaviatur der Moderne, sind aber weit davon entfernt, deren Architektur|Gesellschafts-Analogien weiterzuführen. Statt dessen wähnen sie sich in erster Linie einem global verständlichen *corporate style* verpflichtet. Gemeinsam ist fast allen Entwürfen, dass sie sich auf die Kombination von Glas und Monumentalität verlassen, auf Glas – in diesem Fall hochstabiles Panzerglas, *protective glazing* – als Stilelement »eleganten« Bauens (»elegance« ist einer der am häufigsten verwendeten Begriffe in den Versuchen, diese Designs zu würdigen). Glas dient aber auch weiterhin als symbolischer Träger des Transparenzideals, wobei dessen ambivalente Botschaften, die unverhinderbare dialektische Spannung von Durchsichtigkeit und Täuschung, von Öffnung und Schließung nun zu semantischen Bauelementen des Spektakels selbst werden. Eleganz, Transparenz und Monumentalität, die gläsern-verspielten Fassaden des globalen Finanzkapitals, fügen sich zu einer jener spektakulären Beeindruckungsskylines, wie sie allenthalben zwischen New York und Schanghai, Dubai und London entstehen.

Die ostentative Zurschaustellung gläserner Wolkenkratzer-Architektur in den Jahren nach dem 11. September rechnet überhaupt nicht damit, dass man ihre Transparenz-Rhetorik als etwas anderes denn als Rhetorik wahrnimmt; die architektonische Rhetorik der Transparenz und die Strategien der Hypervisibilität gehen dabei immer wieder schillernde Allianzen ein; sodass jede Transparenzbehauptung früher oder später ihrer eigenen Widersprüchlichkeit und Doppeldeutigkeit zum Opfer fällt.

Im Zuge der Abwehr der terroristischen Attacken aus dem Herz der Intransparenz, der Gegenaufklärung, des Antidemokratischen, der Konspiration, des Schläfertums, der Vermummung, der Klandestinität, als welches die westlichen oder genauer: nicht-islamischen Gesellschaften beziehungsweise deren Repräsentanten ihr islamisches Gegenüber dämonisieren, entstehen Trotzarchitekturen eleganter Spektakeltransparenz (wie im Gazprom-City-Fall) – oder auch dem Transparenz-Prinzip vertrauende Sicherheitsarchitekturen im öffentlichen oder halböffentlichen Raum. Die Stichworte »Wachsamkeit« (*vigilance*) und »Sauberkeit« (*propreté*) auf Klarsichtmülltüten im Zentrum von Paris wirken wie die arg hilflosen Versuche, den Appell, ja die ideologische *Interpellation* der Transparenz auf dem Niveau der Straße und der urbanen Alltagserfahrung zu wiederholen – oder vielmehr über den Appell und die Behauptung einer Transparenz, die hier die Gestalt einer durchsichtigen Plastiktüte annimmt, die Primär- und Disziplinartugenden von Wachsamkeit und Sauberkeit unter Androhung terroristischer Vergeltung durchzusetzen.

»Jeder typische Raum wird durch typische gesellschaftliche Verhältnisse zustande gebracht«, schreibt Siegfried Kracauer 1930, »die sich ohne die störende Dazwischenkunft des Bewusstseins in ihm ausdrücken. Alles vom Bewusstsein Verleugnete, alles, was sonst geflissentlich übersehen wird, ist an seinem Aufbau beteiligt. Die Raumbilder sind die Träume der Gesellschaft. Wo immer die Hieroglyphe irgendeines Raumbildes entziffert ist, dort bietet sich der Grund der sozialen Wirklichkeit dar.«[27]

Die Architektur der Abfallbeseitigung in einer von Sicherheitspaniken geprägten Gegenwart gehört zum gleichen politisch-symbolischen Kontinuum wie die Entwürfe für Gazprom-City. Die politische Ökonomie der Transparenz, wie sie sich in den Regulations- und Offenlegungsprozeduren des internationalen Unternehmensrechts und Bankwesens äußert, ist heute weniger der Ausdruck sozialutopischer Projekte als einer kombinierten Technologie von Abschreckung und Beeindruckung, von *shock and awe*, die sich durch die »terroristische Gefahr« und den *war on terrorism* ebenso legitimiert weiß wie durch die totale, ent-semantisierte Verfügbarkeit des Formenrepertoires der Moderne. Diese politische Ökonomie beruft sich auf ästhetische Bilder und

[27] Siegfried Kracauer, »Über Arbeitsnachweise« [1930], in: ders. (1990), p. 186.

Verfahren, schafft aber auch ihre Selbstbilder, sodass die Architektur der Transparenz als Versprechen von Glanz, als Instrument der Überwachung, als Appell zur Wachsamkeit, als Provokation des Finanzkapitals, als Verfahrensideal usw., überall zu entstehen scheint: nicht unbedingt in nachvollziehbaren Zusammenhängen und immer wieder in ihr jeweiliges Gegenteil verkehrt. Aber Transparenz – als Anmutung – ist wohl vor allem deshalb unproblematisch für die Demonstrationen wirtschaftlicher und politischer Macht, weil sie jener Ordnung der Wahrnehmung angehört, die dem Sehsinn eine privilegierte Stellung einräumt und in der Anschauung und Sichtbarkeit die kategorialen Leitwährungen darstellen, wo also alles dem Blick geschuldet ist, der heute vor allem ein bewundernder und unterwürfiger sein soll, der sich vor dem Auftritt der neo-autoritären Sicherheitsglasarchitektur angemessen senkt.

Transparente Müllbeutel in Paris, 2007

Oksana Bulgakowa
Eisensteins Glashaus und sein kugelförmiges Buch

Die Besucher der ersten Weltausstellung in London 1851 erlebten eine Architektursensation: Joseph Paxton, ein angesehener Experte seiner Zeit für Gartenarchitektur und ein versierter Architekt von Gewächshäusern, hatte einen riesigen Palast aus Glas und Eisen gebaut und darin ein Modell der Welt untergebracht: Naturwunder mit Wasserfällen und exotischen Pflanzen neben den Wundern der modernen Technik – Maschinen drängten sich in das künstliche Paradies hinein. Unter dem Glasdach des 34 m hohen Treibhauses »wuchsen« gleichsam riesige Bauten der Vergangenheit – Pyramiden, antike Tempel und gotische Kathedralen, in denen das Licht die Wände auflöste – inmitten von Passagen und Warenhäusern, den modernen Traumwelten des Konsums. Von dem 1936 abgebrannten Kristallpalast blieben nur Bilder, und sie evozieren alte und neue Mythologien, Gottes- und Menschenkreationen. Alle Gegensätze schienen hier aufgehoben zu sein: Natur | Technik, Realität | Traum, Norden | Süden, Innen | Außen – alles dank des Materials, dessen immaterielle Durchsichtigkeit und fragile Härte an mehrere Elemente denken ließ.

Euphorie genauso wie Skepsis begleiteten die Erfindung. 1863 erschien Nikolai Tschernyschewskis Roman *Was tun?*, den er in einer dunklen und feuchten Gefängniszelle schrieb. Der Heldin des Romans erscheint in einem Traum von der Zukunft ein Kristallpalast und darin siedelte Tschernyschewski eine sozialistische Gemeinschaft an, eine zweite, soziale Erschaffung der Welt – in einem gigantischen Wintergarten mit tropischen Bäumen und Blumen. Tommaso Campanella schrieb die Vision seines utopischen *Sonnenstaates* ebenfalls im Gefängnis. Auch einem anderen Petersburger erschien beim Schreiben über das Paxton-Bauwerk das Bild eines Gefängnisses aus Glas, in dem man der Beobachtung nicht entkommt: 1864 veröffentlichte Fedor Dostojewski seine Antwort auf Tschernyschewskis Vision, *Aufzeichnungen aus dem Kellerloch*, dessen Held den Kristallpalast als Hühnerstall verlachte und die Rationalität des Gebäudes anzweifelte, denn es hatte keine Ecken für chaotische und freie Gefühlsausbrüche des *Menschen* vorgesehen.

Die Durchsichtigkeit des Glases, untrennbar von der Idee der metaphorischen Transparenz, fesselt die Fantasie der Künstler und Philosophen seit der Aufklärung. Der Verkörperung von Transparenz in Licht, Wasser, Eis, Kristall und im künstlichen Material Glas stehen Stein und Verschleierung gegenüber. Die Transparenz, ja »Nacktheit« der Natur wurde von Jean-Jacques Rousseau als Kontrast zur Undurchsichtigkeit und Täuschung der sozialen Welt gesehen – aber wohin gehört der Mensch? Ist die Transparenz der Gebäude eine Vergegenständlichung der Reinheit des Geistes ihrer Bewohner? Glas scheint das Materielle zu überwinden, es spiegelt den Himmel, ähnelt dem Wasser und ist durchsichtig wie die Luft, es steht den Ur-Elementen nahe. Es verkörpert das Immaterielle der Luft, das Unbeständige des Wassers, das Erhabene und Sakrale eines Kristalls und die todbringende Kälte des Eises. Ist Glas der Filter des geistigen Lichtes, wie es Alchemisten und Mystiker sahen, Anlass für fragile Täuschungen in der Deutung der Romantiker oder gar ein Bild des Todes, der für die Symbolisten das Ende der Körperlichkeit bedeutete?[1] Die mystische Idee der Auflösung des Körperlichen in Transparenz, im immateriellen, täuschenden, harten, erhabenen, fragilen, kalten Glas wurde von der Moderne anders interpretiert.

Bruno Taut und die Architekten seiner *Gläsernen Kette* waren der Meinung, ein Gebäude aus Glas würde neue Beziehungen zwischen den Menschen und dem Kosmos etablieren, ihre Wahrnehmung totalisieren und ihre Bräuche ändern. Die Konstruktivisten meinten, die Durchsichtigkeit der Gebäude würde zur Durchsichtigkeit von menschlichen Beziehungen verhelfen, die Trennung des Privaten und Gesellschaftlichen aufheben. Dahingegen blieben Marxisten, Buddhisten und Surrealisten einer metaphorischen Deutung treu. Leo Trotzki glaubte fest daran, dass die kommunistische Gesellschaft das Unbewusste der Bürger durchsichtig machen würde (*Literatur und Revolution*, 1923). Für André Breton war das Glashaus die einzig mögliche Struktur, die das Zusammenspiel der überraschenden Automatismen seines Unbewussten mit den von außen kommenden Zufällen erlaubte: »Ich werde

[1] Mikhail Yampolsky, »Transparency Painting: from Myth to Theater«, in: Alla Efimova (Ed.), *Tekstura, Russian Essays on Visual Culture* (Chicago: University of Chicago Press, 1993), pp. 127–151.

weiterhin mein Glashaus bewohnen, wo man zu jeder Stunde sehen kann, wer mich besucht; wo alles, was an den Wänden hängt, wie durch einen Zauber hält, wo ich auf einem Glasbett ruhe unter Bettüchern aus Glas und wo mir früher oder später, mit einem Diamanten eingeschrieben, sichtbar wird, wer ich bin.«²

»In Moskau«, schrieb Walter Benjamin in seinem Surrealismus-Essay (1929), »wohnte ich in einem Hotel, in dem fast alle Zimmer von tibetanischen Lamas belegt waren, die zu einem Kongreß der gesamten buddhistischen Kirchen nach Moskau gekommen waren. Es fiel mir auf, wie viele Türen in den Gängen des Hauses stets angelehnt standen. Was erst als Zufall schien, wurde mir unheimlich. Ich erfuhr: in solchen Zimmern wohnten Angehörige einer Sekte, die gelobt hatten, nicht in geschlossenen Räumen sich aufzuhalten. Den Schock, den ich damals erfuhr, muß der Leser von Nadja verspüren. Im Glashaus zu leben ist eine revolutionäre Tugend par excellence. Auch das ist ein Rausch, ist ein moralischer Exhibitionismus, den wir sehr nötig haben.«³

Was Benjamin noch als revolutionär bewertete, war in Jewgeni Samjatins Wir (1920) gespenstisch: Die gläsernen Wände der utopischen Stadt dienten der totalen Überwachung. Während die Petersburger, von Brennstoffzufuhr abgeschnitten, Zäune verheizten, entwarf der Schiffsbauingenieur Samjatin eine Stadt unter einer gläsernen Glocke, in der es immer sonnig und zudem alles durchsichtig ist: Baukräne, Gedanken, Hinrichtungszellen. Das Erscheinen des Romans 1925 in England führte zu einem großen Skandal in Sowjetrussland – und zur Auswanderung des Autors.

Nicht nur die Literaten verfielen solchen Reflexionen und machten Glas zu einem Baumaterial für erlösende Utopien oder abstoßende Anti-Utopien, sondern auch deutsche Mystiker, amerikanische Rationalisten, französische Konstruktivisten und russische Kommunisten bedienten sich buchstäblich an den Glaskonstruktionen. Der »Stoff«, aus dem paradiesische Wintergärten, alpine Kathedralen, Konsumtempel, Weltausstellungen, Bürohäuser, Fabriken und Kommunen gebaut werden können, schien gleich für mehrere unterschiedliche Ideologien herhalten zu können, wie Giuseppe Terragnis Casa del Fascio in Como, Mies van der Rohes Turm(entwurf) in der Friedrichstraße in Berlin oder

2
André Breton, Nadja [1928] (Paris, 1964), pp. 18–19.

3
Walter Benjamin, »Der Surrealismus. Die letzte Momentaufnahme der europäischen Intelligenz« [1929], in: ders., Gesammelte Schriften, Rolf Tiedemann, Hermann Schweppenhäuser (Eds.), Aufsätze, Essays, Vorträge, vol. 2/1 (Frankfurt | M: Suhrkamp, 1977), p. 298.

El Lissitzkys Wolkenbügel für Moskau zeigen. Glas inspirierte auch die Fantasie der Filmleute, deren Medium in mehrfacher Hinsicht mit Transparenz zu tun hat. Durchsichtig war das Material, der Filmstreifen, transparent war die Kameralinse, die das Auge ersetzte, und das Filmbild – eine gespenstische Illusion, wurde dank eines Lichtstrahls zum Leben erweckt.[4]

»Kantstr. 165–166, Hotel Hessler, Zimmer 73, Berlin. Mitte April 1926. Heute erfunden: ein amerikanischer Film muß mit [Upton] Sinclair gemacht werden. [...] Ein gläserner Wolkenkratzer. Ein Blick auf Amerika durch die Wände hindurch. Ironisch, wie bei [Anatole] France. Sergej Eisenstein.«[5]

Am 18. März 1926 reiste Sergej Eisenstein nach Berlin, um neue Filmtechniken zu studieren und der Deutschland-Premiere seines Filmes *Panzerkreuzer Potemkin* beizuwohnen. Der Film hatte Probleme mit der Zensur, die Premiere wurde verschoben und so hatte der Regisseur viel Zeit. Dmitri Marjanow, ein Mitarbeiter der sowjetischen Handelsvertretung und ein Schwiegersohn Albert Einsteins, vermittelte Eisenstein Kontakte zu den Berliner Kunstkreisen und begleitete ihn in verschiedene Ateliers zu Film-Berühmtheiten. Eisenstein besuchte Fritz Lang bei den Dreharbeiten zu *Metropolis* in Staaken, wo die riesige Dekoration »Ewige Gärten« aufgebaut wurde – als traditionelle Vision des Glashauses als künstliches Paradies. Mit den Kameraleuten Karl Freund und Günther Rittau diskutierte Eisenstein die Vorzüge der entfesselten Kamera. Thea von Harbou, Langs Frau und Drehbuchautorin, erläuterte ihm die Konzeption des Films.

Metropolis, die Vision einer Großstadt aus dem Jahr 2000, inspirierte Eisenstein zu einem Film über einen gläsernen Turm, in dem alles transparent ist und der Wechsel der Positionen und Sehperspektiven sujetbildend wird. Dies war auch das erste Projekt, das Eisenstein Hollywood anbot, als ein paar Monate später, im Juni 1926, Mary Pickford und Douglas Fairbanks nach Moskau kamen und ihn in die USA einluden, um dort für United Artists, eine Firma, die sie zusammen mit D. W. Griffith und Charlie Chaplin gegründet hatten, einen Film zu inszenieren. *Das Glashaus* wurde wie ein Architekturprojekt entwickelt, das von zwei Mythologien zehrt: der des

[4] Über diese Eigenschaften des Films in Zusammenhang mit den transparenten Bildern in der Malerei vid. Francois Albera, »Formzerstörung und Transparenz«, in: Oksana Bulgakowa (Ed.), *Eisenstein und Deutschland* (Berlin: Henschel, 1998a), pp. 132–142.

[5] Die Exposés zum Drehbuch und Eisensteins Tagebuchaufzeichnungen sind im Sammelband beziehungsweise Katalog zur nicht zustande gekommenen Ausstellung *Eisenstein und Deutschland* veröffentlicht; vid. Oksana Bulgakowa (1998a), p. 17–38.

Porträt Sergej
Eisenstein

6
Zu den biografischen
Hintergründen vid.
Oksana Bulgakowa,
*Sergej Eisenstein, Eine
Biographie* (Berlin:
PotemkinPress, 1998).

Wolkenkratzers, einer räumlichen Struktur, die das hierarchische Modell der Gesellschaft widerspiegelt, und der dem Material ureigenen Transparenz. Johannes R. Bechers *Maschinenrhythmen* (1926), Paul Morands *Rien que la terre* (1926) oder Faith Baldwins Bestseller *Skyscraper* (1931) haben den Wolkenkratzer als metaphorische Verkörperung der sozialen Pyramide etabliert. Gleichzeitig kommen dem französischen Reisenden Morand die New Yorker Hochhäuser wie astrologische Türme der Chaldäer vor, auch der Bau in Langs *Metropolis* sollte den Turm von Babel assoziieren. Eine symbolische Aufhebung der sozialen Hierarchie hatte Lang auf den Stufen einer gotischen Kathedrale inszeniert. Eisenstein hielt wenig von dieser veralteten Metaphorik. Er glaubte, dass Upton Sinclair ihm möglicherweise beim Drehbuchschreiben helfen würde, da dieser für seine Studien verdeckter sozialer Netzwerke und offener Hierarchien berühmt war. Eisenstein bat den amerikanischen Journalisten Albert Rhys Williams Sinclair zu kontaktieren.[6] Gleichzeitig bezweifelte er allerdings, dass Fairbanks je einen solchen Film produzieren würde. Der Vertrag mit United Artists kam dann auch nicht zustande, das Angebot wurde 1929 zurückgenommen.

Zwischen 1926 und 1928 entwickelte Eisenstein das *Glashaus*-Projekt parallel zu seinen anderen utopischen Ideen: der Verfilmung von Karl Marx' *Kapital* in der Technik von James Joyce' *Ulysses* oder der Komposition eines kugelförmigen Buches, das nicht nur die Filmtheorie ändern, sondern die Form aller zweidimensionalen Druckerzeugnisse sprengen und das Ende des Gutenberg-Zeitalters bedeuten würde.

In der ersten Version (1926 | 27) ist *Glashaus* als abstrakter, gegenstandsloser Film konzipiert, in dem Kamera und Fahrstuhl zu dessen Protagonisten avancieren. Der Fahrstuhl tritt als materialisiertes Auge der Kamera auf, das sich zwischen den Ebenen, den Stockwerken, bewegt, das Haus röntgt, die Positionen ändert und sehend ist – im Unterschied zu den blinden Bewohnern. Der Ehemann sieht den Liebhaber seiner Frau nicht, der Satte nicht den Hungrigen. Eisenstein will mit der Aufhebung der Empfindung von Härte und Gewicht experimentieren, mit dem Wirrwarr zwischen oben und unten, innen und außen, mit der Dematerialisierung der Grenzen durch Glas und Licht. Das ist kein voyeuristischer oder surrealistischer Gag, wie in René Clairs *Entr'acte* (1924), wo die

Sergej Eisenstein,
Skizzen zum Film
Glashaus

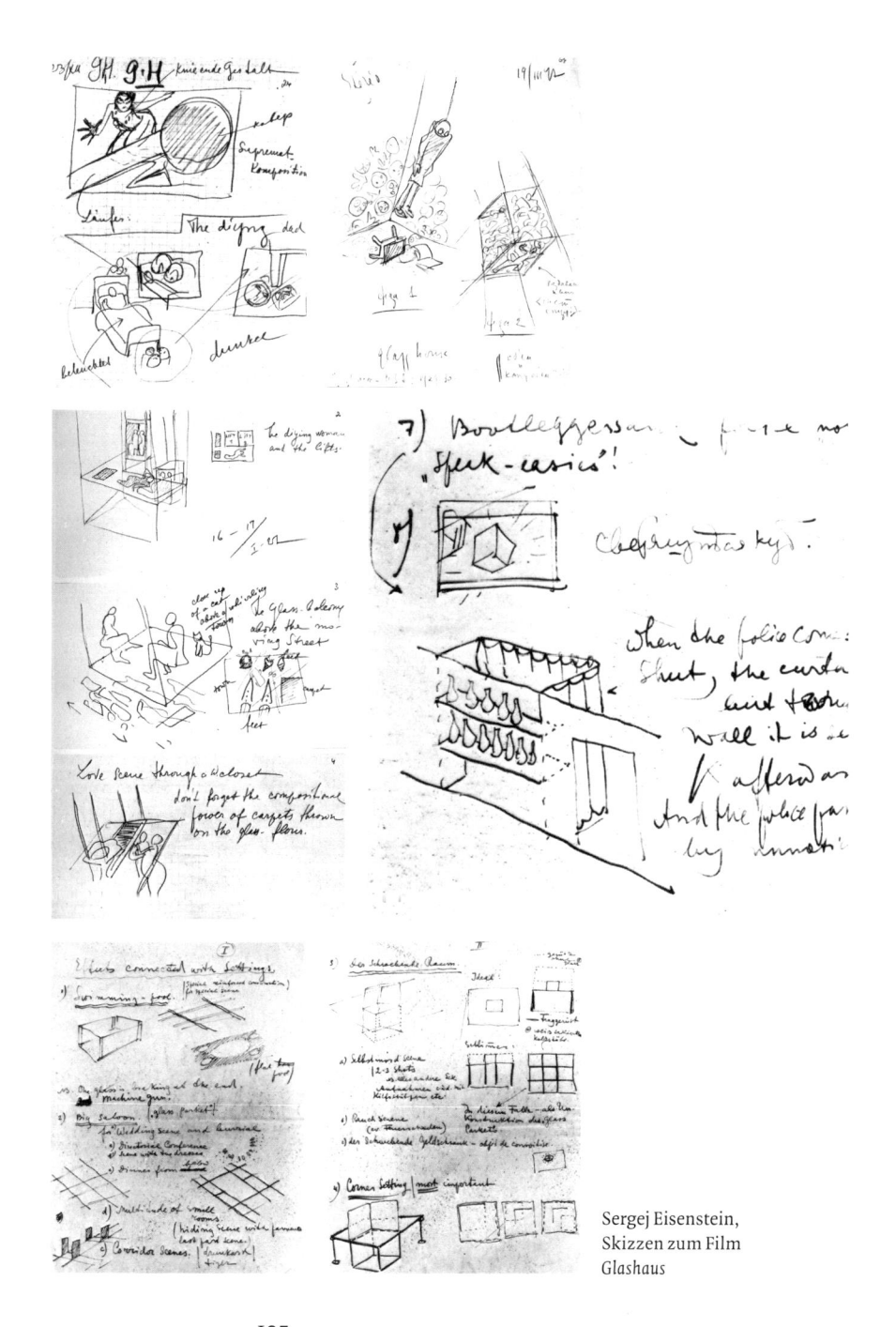

Kamera unter den Rock einer auf dem gläsernen Fußboden tanzenden Ballerina schaut, oder in Luis Bunuels *L'âge d'or* (1929), wo der sterbende Minister »an« die Zimmerdecke fällt. Es ist auch keine imaginäre Transparenz der Wände und Fußböden wie in Alfred Hitchcocks *The Lodger: A Story of the London Fog* (1927). Eisenstein geht es um buchstäbliche Durchsichtigkeit. In dem »gegenstandslosen« Raum des Glases schweben Objekte und Subjekte (ein Flügel, eine Badewanne, Möbel, Panzerschränke, ein Tiger, Boxer, Revuegirls, Kinder). Die undurchsichtigen Türen oder Teppiche wirken wie »suprematistische Elemente«.[7] Die Links-Rechts-Orientierung ist aufgegeben. Die durchsichtigen Fußböden und Decken können nur aus den Gesichtern und Augen der Gaffer bestehen, die ihre Nasen an diesen Flächen wie an Schaufenstern platt drücken. Ein Kubus mit sich Prügelnden schwebt in dem leeren, abstrakten Raum.

Der Film ist als Situationskomödie gedacht – als Komödie der buchstäblich verstandenen Positionen der Kamera, ihrer Blickwinkel und Perspektiven. Die Durchsichtigkeit erlaubt eine neue Simultanität: Zwei Szenen können parallel ablaufen und der Betrachter entscheidet, wohin er schaut. Das Glas ist ein ideales Material für die kubistische Pulverisierung der räumlichen Strukturen, es zerschneidet die Figuren und sorgt für Reflexionen, Deformationen, Verstümmelungen, Zergliederungen. Die Form-Experimente der neuen Malerei werden in diesem Raum naturalisiert.

Glashaus entstand als gezeichnetes Storyboard. Alle möglichen optischen Effekte wurden auf dem Papier fixiert: Rauch und Feuer im Glaskubus, ein Schwimmbecken mitten im Glasturm, Eisblumen auf Glas, das Einschlagen von Nägeln ins Glas und die sternartige Sprenkelung, eine MP-Salve gegen das Glas, eine Tintenpfütze auf der Glasoberfläche, Spiegelungen und Wasserspiele im Glaskasten, die Erprobung verschiedener Optiken für das Filmen dieser Ornamente und Glasreliefs – glattes Glas, gerifftes Glas, mattes Glas ... Das Projekt entwickelte sich als eine Antwort auf die Stadtfilme der Zeit und stand auch der experimentellen Fotografie und den kinetischen Licht-Installationen nahe, die sich mit Glas als Material beschäftigten wie zum Beispiel den Arbeiten der Bauhaus-Studenten László Moholy-Nagy, Alexander Rodtschenko und André Kertész (*Distortions*, 1928). Ihre Bilder

[7] Oksana Bulgakowa (1998a), p. 33.

vermitteln einen Eindruck davon, wie Eisensteins Film aussehen könnte.

Eisenstein plante *Glashaus* als theoretischen Film über den Film – die Kamera als Auge, als Röntgenapparat; das Hochhaus als »Theater des Glases«, als »Aktionen in der Glaskugel«. Transparenz der Struktur und Wechsel der Positionen sind Sehperspektiven als Grundprinzip der neuen visuellen Dramaturgie, die nur in einem experimentellen polyzentrischen, nicht-euklidischen Raum ohne oben und unten, ohne vorgegebene Orientierung möglich sind – wie etwa in El Lissitzkys pangeometrischen Proun-Raum. Eisenstein testet die Raum-, Gewichts- und Orientierungsempfindung in einem durchsichtigen Raum, in dem die Figuren und Gegenstände schweben und rotieren, wo Fenster, Wände und Böden die Sicht nicht begrenzen, wo es keine Unterscheidung zwischen weit und nah, kein Zentrum und keine Symmetrie gibt. Das Sehen und die Variabilität der Sehperspektive sind allerdings nicht den Menschen, sondern dem mechanischen Apparat gegeben, und das Genre wird als »Komödie des Auges« bezeichnet.

1928, mitten in seiner Krise nach dem missverstandenen Film *Oktober*, der eigentlich eine absolute, allen verständliche Sprache der Bildbegriffe und somit eine dialektische Weltsicht etablieren sollte, änderte Eisenstein die Geschichte. Er subjektivierte das Sehen, gab es einem Helden, der nur *eine* Sehperspektive besitzt, und das trieb die Handlung voran.

Als Erster wird ein Verrückter sehend (diese Figur ist ab Juli 1928 als Idealist und Dichter festgelegt). Seine Entdeckung der Durchsichtigkeit der Wände deckt die undurchsichtigen Beziehungen auf: Ehebruch, Erpressung, Spionage. Wenn diese transparent werden, passiert ein Mord oder ein Selbstmord. Das Sehen, eine gefährliche Eigenschaft, führt zu Katastrophen. Aus der Komödie des Auges entwickelt sich eine Tragödie der Erleuchtung. Der verrückte Dichter, der sehend wird, ist eigentlich Adam, doch Eisenstein legte ihn als Jesus an. Sein Gegenspieler ist ein Architekt.

Eisenstein sprach über sein Drehbuch mit Le Corbusier, der nach Moskau kam, um ein Gebäude zu errichten. Er zeigte ihm einige Filmrollen, etwa 40 Minuten, aus seiner jüngsten, noch nicht beendeten Arbeit *Die Generallinie*, die Traumsequenz der Bäuerin Marfa Lapkina. Für diese Episode hatte Andrej Burow, ein konstruktivistischer Architekt, eine Farm im Stil von Le Corbusiers Bauten in einem russischen Dorf errichten lassen. Marfa träumt von der Zukunft, wie einst die Heldin von Tschernyschewski. Das Haus der Zukunft beherbergt, wie Dostojewski es prophezeite, eine Tierfarm. Eisenstein beschreibt diese Begegnung folgendermaßen: »Le Corbusier ist ein großer Enthusiast und ein Fan des Films, den er für die einzig moderne Kunst – vergleichbar mit Architektur – hält. ›Mir scheint, daß ich in meiner Arbeit genauso *denke*, wie es Eisenstein tut, wenn er seine Art des Films kreiert‹«.[8]

Am 30. April unterzeichnete Eisenstein im Pariser Luxus-Hotel Edouard VII. einen Vertrag mit dem Vizepräsidenten der Paramount Pictures, Jesse Lasky, der ihm völlige Freiheit bei der Stoffwahl zusicherte. Einem Pariser Journalisten gab Eisenstein ein zuversichtliches Interview: »Ich bin sehr froh, mich der großartigen Organisation und aller technischen Verbesserung bedienen zu können, die drüben den Filmarbeitern zur Verfügung stehen. Zukor ist ein energischer, sehr intelligenter Mann, der über die europäische Produktion vollkommen informiert ist und bei dem mich eine großzügige Auffassung von der Filmkunst besonders überrascht hat.«[9] Nach langen Überlegungen favorisierte er zwei Sujets: *Glashaus* und *Gold* nach dem Roman von Blaise Cendrars. Eisenstein entschied sich für das *Glashaus*. Ivor Montagu wurde ihm als englischer Drehbuchassistent zugewiesen, welcher zuvor mit Hitchcock auch bei der Erstellung der neuen Schnittversion von *Lodger* gearbeitet hatte. Hitchcock war Montagus Vorschlägen gefolgt.

Eisenstein arbeitete in New York und Kalifornien bis zur zweiten Maihälfte 1930 an dem Stoff. Er schnitt aus dem *New York Times Magazine* vom 29. Juni 1930 einen Artikel über Frank Lloyd Wright aus. Dieser schlug vor, in New York einen gläsernen Turm zu errichten und Eisenstein schrieb in sein Tagebuch: »Er hat seine Kunst dem Maschinenzeitalter angepaßt.«[10] Eine perfekte Illustration zu seinem amerikanischen Film, dessen Idee von einem deutschen Film inspiriert wurde und unter dem »Einfluss der Experimente der Glasarchitektur« entstand, wie Eisenstein in seinem Tagebuch notierte.[11] Mit dieser Verwicklung beschritt er den Weg Fritz Langs in umgekehrter Richtung – wurde doch die Idee zu *Metropolis* in New York geboren. Eisensteins Filmskizze oszilliert zwischen Deutschland und Amerika, zwischen dem

[8] S. W. [Eisenstein], »Nowaja klientura gospodina Korbjusie«, in: *Sowjetski ekran*, no. 46 (1928), p. 5.
[9] »Eisenstein freut sich«, in: *Film-Kurier*, no. 103 (30. April 1930).
[10] Oksana Bulgakowa (1998a), p. 35.
[11] ibid., p. 20.

gläsernen Turm von Wright und dem Glasturm, den Mies van der Rohe 1921 für die Friedrichstraße in Berlin entworfen hatte. Eisenstein wechselt in seinen Drehbuchentwürfen vom Englischen ins Deutsche, nennt das Projekt mal *Glashaus*, mal *Glass House*. Er schreibt den Wortanfang auf Deutsch (*Glas*), das Ende (*House*) auf Englisch. Eigentümlich ist der Unterschied zwischen den Maßstäben des imaginierten Film-Wolkenkratzers (zu diesem Zeitpunkt war der Chrysler-Turm mit 319 m das höchste Haus in New York) und der Filmskizze in Eisensteins winzigem Notizblock, 13 x 6 cm.

In Hollywood versuchte Eisenstein, in der Fabel eine Dreiecksbeziehung unterzubringen – zunächst recht klassisch – zwischen einem Dichter, einem Roboter und einem Mädchen. Er schlug diese konventionelle Richtung zögernd und unschlüssig ein. Schließlich wurde es ein Dreieck der Beziehungen zwischen einem Architekten (dem Schöpfer, dem Ingenieur, dem Alten), einem Dichter (dem Verrücktem, Jesus, dem Propheten) und einem Roboter. Der Alte konstruiert das Haus aus Glas (ein künstliches Paradies) und gibt es den Menschen. Jesus öffnet ihnen die Augen und geht zugrunde, ohne verstanden zu werden. Der Roboter, ein perfekter Mensch der neuen Zivilisation, zerstört das Haus, und es erweist sich, dass er der Alte ist. Die Dreifaltigkeit aus Zebaoth, Sohn Jesus und dem Geist (Roboter) wird auf die Zweifaltigkeit zurückgeführt, das Drama nimmt autobiografische Züge an. Der Spitzname Eisensteins in dieser Zeit ist *Alter*, er ist der gescheiterte Architekt mit abgebrochenem Studium. Er schafft sozusagen ein Doppelselbstporträt: Mal identifiziert er sich mit dem Architekten des Hauses, mal mit dessen Sohn, der das Gebäude des Vaters verneint. Nicht zufällig bezeichnet Eisenstein *Glashaus* als sein privates Mysterienspiel.

So wird die Komödie des Auges und die Tragödie der Erleuchtung vom Drama zweier Utopisten verdrängt: des Ingenieurs, der ein ideales Haus entworfen hat, und des Dichters, der die Gültigkeit dieses funktionalen Modells bezweifelt, ein psychoanalytisches, ödipales Drama der Rebellion.

Eisenstein diskutierte seine Ideen mit Chaplin und dem Paramount-Boss B. P. Schulberg, einem Bewunderer Dostojewskis. Jesse Lasky verkündete, das Studio strebe eine Kombination aus russischem kreativem Temperament und amerikanischer Supertechnik an. Mit einer Glasfabrik in Pittsburgh wurden bereits Verhandlungen über die Herstellung der Glaskonstruktionen für den Film geführt. Aber die Arbeit am Drehbuch kam ins Stocken. Das Studio beauftragte Oliver H. P. Garrett, der auf Gangsterfilme und Stadtmelodramen wie *Ladies of the Mob, Chinatown Nights* oder *City Streets* spezialisiert war, mitzuarbeiten, der aber konnte Eisensteins Ideen nicht nachvollziehen. *Glashaus* wurde nicht realisiert, doch nicht wegen des Widerstands der Produzenten. Eisenstein verstand selbst nicht, was ihn daran hinderte, seine Drehbuchskizze zu beenden. Er versuchte seine Probleme mithilfe eines Psychoanalytikers zu lösen, den er im Hause Chaplins getroffen hatte. Er gab viel Geld für die Sitzungen aus, die auf dem Balkon seines Hauses in Beverly Hills geführt wurden. Ivor Montagu ärgerte sich darüber, er wollte schnell weiterkommen und drängte Eisenstein, ein anderes Drehbuch zu entwickeln – jenes nach Blaise Cendrars *Gold*.[12]

Am 17. Juni 1930 schrieb Eisenstein nach Moskau: »Die letzten zehn Tage hatte ich eine schwere Depression. Jetzt geht es etwas besser. Es scheint, daß ich eine ganze Reihe meiner Neurosen auf einmal beseitigen kann. Drei Tage lang hatte ich *high speed* Sitzungen mit einem sehr bekannten Psychoanalytiker, dem Herausgeber der *Psychological Review*, meinem guten Freund Doktor Stragnell. Hochinteressant! Wir haben fast 50 % meines Zweifelkomplexes beseitigt – alles nach einer wissenschaftlichen Methode, nicht das übliche Quecksilber. […] Ich werde bald nicht mehr die übliche Bestätigung brauchen, stellen Sie sich das vor! Ich werde fähig sein, alles zu tun!«[13] Trotz Eisensteins Begeisterung für die Psychoanalyse konnte er das Drehbuch nie vollenden.

Glashaus thematisiert das Sehen – zunächst als perfekte Fähigkeit des Mediums; dann als Voyeurismus des Menschen. Eisenstein knüpfte an die alte Plotinische Tradition des inneren Sehens an, indem er nur den Dichter *sehend* machte, und zerstörte damit eigentlich den Film, denn Film war ja das *neue Sehen* oder Voyeurismus par excellence! Wenn dieses Sehen als innere Erleuchtung in der Fabel verankert wurde, was konnte dann das Medium noch bewirken? So konnte Eisenstein das Drehbuch eigentlich zwangsläufig nicht zu Ende führen.

Die Geschichte wurde zunächst als Drama des Sehens gestaltet, dann bewegte sie sich in Richtung Verhaltensdrama.

---

12 Ivor Montagu, *With Eisenstein in Hollywood* (Berlin: Seven Seas Publishers, 1967), p. 104.

13 *Kinowedtscheskie sapiski*, no. 36/37 (1997 | 98), p. 2.

Beide Fassungen entfernten sich von oberflächlicher Sozialkritik – und standen im Kontext zeitgenössischer Architekturutopien. Das Drama des Sehens liest sich wie eine direkte Antwort auf die Idee der Architekten der *Gläsernen Kette* und polemisiert mit der von ihnen entworfenen Rolle des Menschen als Zuschauer im neuen Theater des Glases. Die zweite Fassung liest sich wie eine Polemik gegen die Vorstellungen der Konstruktivisten über die Disziplinierung der biologischen Anarchie durch den funktional organisierten Raum.

Die Glasarchitektur der *Gläsernen Kette*, des Kreises um Bruno Taut, entstand im Kontext der Utopien des deutschen Literaten Paul Scheerbart. In dessen Vorstellungen sollte das Glashaus die Menschen dem Kosmos annähern, seine geschlossene Welt auf die Unendlichkeit des Universums projizieren. Anstelle der Statik und Geschlossenheit eines traditionellen Baus ist der Mensch mit der Unendlichkeit und dem Licht konfrontiert, dem kosmischen Theater, dem Theater der Natur ausgeliefert, in dem die Architektur als eine neue Religion der Schöpfung erscheint.

Doch man kann *Glashaus* auch als einen sarkastischen Kommentar zur gläsernen Utopie der Konstruktivisten und Funktionalisten verstehen. In den 1920er-Jahren versuchten sie, eine ideale Organisation der Bewegungsabläufe in der Privatsphäre zu erreichen, also das Taylorsystem im Haus, in einer Wohnung, einem Klub oder einem Hotel zu etablieren. Die Lebensprozesse wurden als Produktionsprozesse betrachtet.[14] Die mögliche Reihenfolge der Bewegungen wird im Grundriss festgelegt, ein möglicher Bewegungsablauf gelenkt, der Raum wird sozusagen autoritär strukturiert, und der Architekt ist sein schöpferischer Diktator. Die Wohnmaschine von Le Corbusier oder ein Kommunenhaus in der sowjetischen Architektur werden als Organisation der Existenz, ja Produktion von Existenz aufgefasst. Dies ist einer der ersten Schritte zur Organisation des privaten Raumes nach einem schematisch gelenkten Verhalten.

Der Architekt kreiert den strukturierten Raum, der vorgeschriebene Gesten nach sich zieht, so wird eine potenziell anarchische Individualität funktional organisiert. Die gefundenen räumlichen Lösungen der architektonischen Formen – wie das Haus – disziplinieren das Biologische.

14
Moisej Ginsburg, »Zel sowremennoi architcktury«, in: *Sowjetskaja architektura*, no. 1 (1927), p. 4; cf. Vortrag von Le Corbusier am 10. Oktober 1929: »Die Zelle im menschlichen Maßstab«, in dem er seinen 1921 eingeführten Begriff der Wohnmaschine erläutert; Le Corbusier, *Feststellungen zu Architektur und Städtebau*, Bauwelt-Fundamente, no. 12 (Berlin et al.: Ullstein, 1964), pp. 87–103, p. 88.

15
Über Dubreuils *Standards* (1929) und *L'example de Bat'a, La libération des initiatives individuelles dans une entreprise géante* (1936) vid. Thilo Hilpert, *Die funktionelle Stad: Le Corbusiers Stadtvisionen – Bedingungen, Motive, Hintergründe*, Bauwelt-Fundamente, no. 48 (Braunschweig et al.: Vieweg, 1978), p. 263f.

16
ibid., p. 176.

Le Corbusier stützt sich auf die Gedanken seines Freundes, des Soziologen Hyacinthe Dubreuil, der zunächst die Ford-Fabriken untersuchte und dann die des tschechischen Schuhfabrikanten Thomas Bata.[15] Dieser verstand unter biologischen Faktoren die interaktiven Prozesse zwischen dem Raum und seinem Benutzer (= Wahrnehmenden), der kein Betrachter mehr ist, sondern aktiver Agent. Dieses Subjekt zirkuliert im Raum und folgt dabei den Möglichkeiten, die der Architekt ihm anbietet. Der Architekt soll deshalb diese Möglichkeiten genau berechnen, rationalisieren und limitieren, damit keine unnützen Bewegungskreise und Leerläufe entstehen.

Das System der Fabrikorganisation und Arbeitsdisziplin wird als politisch relevante Idee der Ordnung betrachtet (egal ob bei Marx oder Ford). Mart Stam baute 1930 eine Tabakfabrik in Rotterdam, in der gläserne Trennwände soziale Transparenz suggerieren. Alles ist transparent, jeder kann sehen und ist zu sehen. Das Chefbüro ist transparent für die Arbeiter, und umgekehrt. Le Corbusier beschreibt die gläserne Architektur wie ein »Spektakel des modernen Lebens«: »Hier gibt es keine Proletarier, nur den hierarchischen Maßstab, faszinierend Organisiertes und Beachtenswertes. Es erlaubt den Prozess – wie einen Bienenschwarm – zu steuern – mit seiner Ordnung, Zweckmäßigkeit und Rhythmus«.[16] Wenn Transparenz in den Beziehungen und Harmonie in der Hierarchie erreicht werden, könnte die soziale Revolution durch die Revolution in der Architektur ersetzt werden.

Die Funktionalisten und Konstruktivisten entwarfen Räume, die das Verhalten lenken, rationalisieren und es korrigieren. Die Architekten der *Gläsernen Kette* meinten, den Menschen mit einem neuen Sehen ausstatten zu können, wodurch dieser befähigt sein würde, das kosmische Spektakel der Natur zu genießen. Eisenstein ließ seine Helden, die in den Raum des neuen Sehens und regulierten Verhaltens verpflanzt werden, den Raum zerstören. Sie vermögen weder als Zuschauer noch als Teilnehmer des »Spektakels des modernen Lebens« in ihm zu wirken. Sie sind nur auf die alten Rollen trainiert. Die gläsernen Wände dienen nicht der leichteren Kommunikation, sondern sie isolieren; sie lehren weder das Sehen, noch harmonisieren sie die existierende soziale Ungleichheit. Das neue Haus wird von alten Leidenschaften zerrissen, die ihre Dominanz in Bezug auf Architektur behaupten. Im Ergebnis kommt es weder zu einem kosmischen Spektakel noch zu reguliertem Verhalten, sondern zur Zerstörung der konstruktivistischen Kosmogonie. Anfang der 1920er-Jahre dachte Eisenstein selbst darüber nach, die biologische Anarchie des Individuums zu disziplinieren – mithilfe des Theaters oder des Films, die er als Psychotechnik, als Mittel zur Regulation des Verhaltens, ja des Denkens begriff. Ist der Abbruch des *Glashaus*-Projektes auch ein Abschied von eigenen Utopien? In der konstruktivistischen Dekoration inszeniert Eisenstein, ausgehend vom Konzept des Films als Mittel zur Totalisierung der Wahrnehmung, das psychoanalytische Drama von der Rebellion des Sohnes gegen den Vater und ein Mysterium über die Krise der Zivilisation. Das gläserne Gebäude stürzt ein – und verschiedene Utopien der Avantgarde gehen gleichsam in die Brüche. Sein Kommentar hat zwangsläufig immer auch autobiografische Züge. Sieht er sich in der Landschaft der Stalin'schen Moderne als Poet, der von inneren Visionen und Vorahnungen gequält wird, oder als Architekt, der über seine Schöpfungen erschrocken ist? Darauf gibt es keine eindeutige Antwort. Aber der nicht gedrehte Film befähigte den Architekten Eisenstein zu einem neuartigen Buchprojekt und der Vision einer neuartigen Theorie.

»Es ist sehr schwer, ein Buch zu schreiben. Weil jedes Buch zweidimensional ist. Ich wollte aber, daß sich dieses Buch durch eine Eigenschaft auszeichnet, die keinesfalls in die Zweidimensionalität eines Druckwerkes paßt. Diese Forderung hat zwei Seiten. Die erste besteht darin, daß das Bündel dieser Aufsätze auf gar keinen Fall nacheinander betrachtet und rezipiert werden soll. Ich wünschte, daß man sie alle zugleich wahrnehmen könne, weil sie schließlich eine Reihe von Sektoren darstellen, die, auf verschiedene Gebiete ausgerichtet, um einen allgemeinen, sie bestimmenden Standpunkt – die Methode – angeordnet sind. Anderseits wollte ich rein räumlich die Möglichkeit schaffen, daß jeder Beitrag unmittelbar mit einem anderen in Beziehung tritt. [...] Solcher Synchronität und gegenseitiger Durchdringung der Aufsätze könnte ein Buch in Form [...] einer Kugel Rechnung tragen. [...] Aber leider [...] werden Bücher nicht als Kugeln geschrieben. [...] Mir bleibt nur die Hoffnung, daß dieses unentwegt die Methode wechselseitiger Umkehrbarkeit erörternde Buch nach eben derselben Methode gelesen werden wird. In der Erwartung, daß wir es lernen werden, Bücher als sich drehende Kugeln zu lesen und zu schreiben. Bücher, die wie Seifenblasen sind, gibt es auch heute nicht wenige. Besonders über Kunst.«[17]

Diese Gedanken schrieb Eisenstein am 5. August 1929 in sein Tagebuch, fast ein Jahr nachdem er die erste *Glashaus-*Synopsis beendet hatte. Zwischen März und August 1929 stellte er mehrmals den Plan für einen möglichen Sammelband auf.[18] Es war nicht einfach eine Neukomposition bereits veröffentlicher und unveröffentlicher Aufsätze über Montage, Sprachwissenschaft und die japanische Kunst oder solcher, die erst geschrieben werden müssen (*John und Schopenhauer, Chlebnikov, Le paire*), sondern ein prinzipiell neues Herangehen an die Organisation des Buches und der Gedanken als unmotivierte Wechsel der Perspektiven und Analysemethoden, die frei miteinander kommunizieren können, jedoch stets einen Sprung in die andere Dimension erlauben. Die Idee, das Buch umzusetzen, gab Eisenstein gegen 1932 auf, um ein neues anzufangen, das genauso kugelförmig organisiert sein sollte.

In den Aufsätzen des ersten kugelförmigen Buches, die explosionsartig um 1928|29 entstanden, wird *Montage* über verschiedene Modelle erklärt. Sie wird begriffen 1) als Konditionierungsmethode zur Schaffung einer Kette bedingter Reflexe – im Rahmen des reflexologischen Verständnisses (*Montage der Filmattraktionen*); 2) als Collage, als Kombination und Rekombination verschiedener Materialien – im Rahmen des konstruktivistischen Verständnisses (*Montage der Attraktionen*); 3) als ein System von Oppositionen, die eine Aussage formulieren – im Rahmen des linguistischen Verständnisses (*Perspektiven*) und am Beispiel japanischer Hieroglyphik (*Jenseits der Einstellung*); 4) als ein hierarchisches System mit wechselnden Dominanten, beeinflusst von der Texttheorie Jurij Tynjanovs und von den Experimenten der neuen Musik (*Die vierte Dimension im Film*); 5) Montage wird über die Dialektik (innerhalb des Gesetzes von der Einheit und dem Kampf der Gegensätze – *Dialektik der Filmform*) erklärt oder 6) als ein synästhetisches Verfahren gesehen, das verschiedene Sinne – Sehen, Hören, Riechen, Schmecken – in eine

---

17
Sergej M. Ejsenštejn, *Das dynamische Quadrat, Schriften zum Film*, Oksana Bulgakowa, Dietmar Hochmuth (Eds.) (Leipzig: Reclam, 1988), p. 344.

18
RGALI, Inv. Nr. 1923-1-1030, 12; Inv. Nr. 1923-1-1012, 1-2; in: Eisenstein-Archiv im Russischen Staatsarchiv für Dokumente der Kunst und Literatur in Moskau (RGALI: Rossiiskii gosudarstvennyi arkhiv literatury i iskusstva; die 4 Zahlen in der Inventarnummer bedeuten: 1. Depot (fond); 2. Inventurliste (opis); 3. Verwaltungseinheit (jediniza chranenija); 4. Blatt (list), Ausführliches über dieses Projekt in: Oksana Bulgakowa, *Sergej Eisenstein – drei Utopien, Architekturentwürfe zur Filmtheorie* (Berlin: Potemkin-Press, 1996), pp. 31–108.

Kommunikation miteinander zwingt (*Eine unverhoffte Kopplung*). Die Polarität der hier angedeuteten Positionen, ein ständiger Wechsel der Blickwinkel und Dimensionen, schafft die Spannung zwischen den Sektoren, denn das Prinzip der Gleichzeitigkeit soll nicht aufgegeben werden. Doch ist das auch das einzige Projekt, in dem solche Polarität zugelassen war.

Dieser Ansatz hebt das kugelförmige Buch stark vom Hintergrund der damaligen (und der heutigen) Theoriebildung ab und demonstriert am plastischsten die neue theoretische Mentalität des 20. Jahrhunderts – auch wenn einem zunächst die Kunstprinzipien als Analogie einfallen. Das Radikalste in Eisensteins Projekt liegt in seinem Denk- und Schreibverfahren, welches die lineare Logik verneint und nach anderen Textformen sucht, die den assoziativen, kugelförmigen, labyrinthartigen Denkstrukturen näher stehen und die bis dato nur in modernistischen Kunstexperimenten und nicht in theoretischen Schriften ihren Niederschlag fanden. Sein Theoriemodell ist das radikalste Angebot, eine Einheit zu finden, die gar keine ist und nur im Wechsel von Ebene zu Ebene bestehen kann, die eine Umdeutung und eine variable Nutzung der nicht kompatiblen Sektoren voraussetzt. Eisenstein bietet für diese verschiedenen Diskurse einen totalen Rahmen an, indem er die Form einer transparenten rotierenden Sphäre modelliert, die einen Übergang erlaubt und Polyperspektivität garantiert, wie in seiner Vision eines *Glashauses*.

Warum kann ich mich nicht von diesem Thema lösen? Ich folge Eisensteins Spuren und den Spuren dieses Projektes seit vielen Jahren. Ein nicht realisierter Film ... ein unvollendetes Buch ... Glaskästen wurden bereits damals, in den 1920ern, nicht mehr als erhabene Vollendung utopischer Bauten betrachtet, sondern als perfektes Instrument für Observierung und Kontrolle. In Kopplung mit Kameras und Mikrofonen waren sie perfekter als Jeremy Benthams Panopticon. Allerdings wirken heute Fritz Langs *Die tausend Augen des Dr. Mabuse*, Francis Ford Coppolas *The Conversation*, Phillip Noyces *Sliver* wie angestaubte Versionen von *Big Brother*.

Die Politiker bedienen sich der alten Metaphorik vom gläsernen Bürger und denken nicht an den Urheber des Ausdrucks, Jean-Jacques Rousseau, der etwas ganz anderes meinte. Längst dirigiert nicht Angst die Entwicklung der

Observierungstechniken, sondern die Lust, permanent beobachtet zu werden – als Bestätigung der eigenen Existenz. Was kann Eisensteins Idee in diesen veränderten Umständen noch vermitteln?

Radikalismus prägt Eisensteins Geschichte des Auges, auch wenn dessen Befreiung anders als bei Bataille inszeniert ist. Einerseits zweifelt er daran, dass das Subjekt bereit ist, auf veränderte Wahrnehmungssituationen, die durch Maschinen, Apparate, Institutionen, Bauten, Ereignisse bestimmt sind, zu reagieren (und das ist das Objekt seiner Repräsentation), andererseits entwirft er eine Vision des neuen medialen Sehens, das Benjamins Vorstellungen bei weitem übertrifft. Eisensteins Kameraauge ist mobil, dynamisch, kaleidoskopisch, panoramaartig, es rotiert und schwebt im Raum ohne Anziehungskraft, ohne links und rechts, oben und unten, nah und fern, es hebt die hierarchische Topografie auf.

Glashaus zeigt allerdings die problematische Beziehung zwischen Visualität und Erzählung. Die erhabene Vision implodiert in dem Augenblick, als Eisenstein versucht, sie zu einer Erzählung zu machen und einem Subjekt zu übergeben. Die narrative lineare Konstruktion ist im polyzentrischen experimentellen Raum fehl am Platz. Nur Hypertext scheint eine adäquate Form für die Wiedergabe neuer Raumerfahrungen zu sein, weg von der zweidimensionalen Druckseite. Wenn das Sehen nicht oder nur bedingt geändert werden kann, steht dem Denken nichts im Wege. Von diesem Augenblick an beginnt Eisenstein alle seine Bücher als kugelförmige Gebilde zu konzipieren und auch so zu schreiben – was ihre Publikation extrem schwierig macht. In einem der letzten Kapitel *Kreis* (!) seines letzten unvollendeten Buches *Methode* über den Zusammenschluss zwischen den Denkstrukturen und dem Bau der Kunstwerke kehrte Eisenstein zu der Idee des kugelförmigen Buches zurück und bemerkte am 17. 9. 1947: »1932 begann ich, meine theoretischen Notizen zum Film zu ordnen (was ich bereits fünfzehn Jahre lang tue) und notierte: Ich träume davon, ein kugelförmiges Buch zu schreiben, weil bei mir alles mit allem in Beziehung tritt und alles in alles übergeht. Die einzige Form, die dem entsprechen kann, ist eine Kugel. Von jedem Meridian zum beliebig anderen [wechseln]. Seitdem sehne ich mich nach diesem Buch, und jetzt vielleicht mehr denn je.«[19] Seine Theorie von Denkstrukturen, die in Kunstformen mediatisiert sind, entsteht als ein hybrides Kunstwerk, gebaut nach den Prinzipien eines Kunstwerkes.

[19] RGALI, Inv. Nr. 1923-2-268, 37.

Annette Fierro
Engaged Facades and Resigned Ideologies:
Street Theatricality in Richard Rogers' London

Norman Foster, Sainsbury Headquarters, London. 1997. Mies van der Rohe continued, via latter-day technology

Since its modernist heyday, the tendency of the term, "glass" – or, to put it more expansively, "*transparency*", – to be used as a double-entendre, points more to its status as an evocative epistemological surface than as a vacant plane of vision. Even in the canonical "transparency" of Mies van der Rohe, as revisionist writings have cannily revealed, the term "glass" was loaded with all kinds of double-edged meanings: reflective versus clear, material versus virtual, corporeal structure versus evanescent plane, apparent versus *apparitional*.[1] The last dichotomy comprises transparency's ultimate seduction: to vanish at the same time as it captures the most elusive of contingent conditions, from shadows and reflections of wandering passers-by to ever-moving panoramas, views spliced from found settings.

This essay proposes yet another revision dedicated to granting presence to transparency, but not as yet another pursuit of fleeting physical phenomena in a mirrored surface. This notion of transparency similarly hinges on the presupposition that it is embedded with event, but this reference to event is one borne of activity and program rather than one composed in visual terms. In this contention, event is blatantly social, blatantly political, blatantly connotative of a particular public interface. This idea of event is so deeply entrenched with narrative components that it might be properly labeled as "*theatrical*".

This idea has precedent. In the history of transparency, especially during its seminal evolution in France, transparency was granted a political dimension, emerging from the romantic leanings of Rousseau and his avocation of a self-generated government springing from the soul of the honest (i. e., *transparent*) citizen: a state, a form of governance, evolving from the purity of its populace. In the latter-day architectural manifestation of the 1980s and 90s, François Mitterrand contrived his monumental *Grands Projets* in Paris to posit glass, or transparency, as a liminal edge between the individual and the state, both of which are rendered indistinguishable in a mutual, ecstatic exchange. Inherent is the contention that a political state can be captured and represented through the nuance of physical surface – an unabashedly materialist claim.[2]

Crossing the Channel northward bound in the same search, one first leaves behind, for better or worse, the lofty political and ideological idealizations of the transparency engendered by the Enlightenment. In contemporary market-driven London, however, an equivalent relationship emerges, or at least is reconstructed in a very different dance between the same partners: a building and its embodied public, the public

---

[1] Of the many "revisionists" writings on glass, the most noteable are: Jose Quetglas, "Fear of Glass", in: Beatriz Colomina (Ed.), *Architectureproduction* (New York: Princeton Architectural Press, 1988); Robin Evans, "Mies van der Rohe: Paradoxical Symmetries" (AA Files, Spr. 1990); Anthony Vidler, "Translucency", in: *The Architectural Uncanny* (MIT, 1992).

[2] In my book, *The Glass State: The Technology of the Spectacle, 1981–98* (MIT Press, 2003), this is a central contention.

and the hidden powers behind buildings and the streets controlling their special exchange. In this essay, examining the early work of Richard Rogers, the terrain of transparency – or better yet, "*construct*" – is not manifested by sheets of plate glass; here, material evanescence is overshadowed by the overt, exaggerated structure supporting it. Nonetheless, an event comprising latent *theatricality* is realized within the scope of this *transparency*. This essay will explore the emergence and confluence of these various issues, hinging on timely notions of theatre that were extant in 1970s London. Within the economic, political, and cultural setting afforded, the central contention of this essay is that a particular theatricality of transparency provides a unique theoretical context for understanding Rogers' work as it evolved in the same period, and by extension, the whole of the British "Hi-Tech" which was led and inspired by this work.

Renaissance Drama: Illusion as Civic Gesture

The theatricality of the street is certainly a historically validated concept, with or without its transparent corollary.[3] It is the street, as a foreground and background for the theatrical moment, which emerges in the Renaissance as the backbone of urban theory. Vitruvius, in his *Ten Books of Architecture*, defines three architectural settings suitable for the rarified issuance of meaning in ancient theater. Famously interpreted by Serlio in 1537, these were portrayed in his drawings as perspectival street scenes framed by the great orders of architecture and nature. Serlio's drawings proposed that an architectural order had sufficient potency to prompt social exchange on the common street of the same significance as that of ancient theater: The "Tragic", with its classical columnar orders and the triumphal

[3] See Vidler's discussion in "The Scenes of the Street", in: Stanford Anderson (Ed.), *On Street* (Cambridge MA: MIT Press, 1978).

Palladio, Teatro Olimpico.
Stage and audience, united in the ideal city

arch, stood as a perspectival backdrop for the most edified of civic scenes, the "Comic," with its friendly and domesticated Gothic style for the squabble of everyday life, and the "Satyric," in which nature and rural life connoted life in the marginal *other* – the extra-urban.

Just 25 years later, the confuscation of street and theater – reality and stage – was restated explicitly in Palladio's Teatro Olympico of 1580, in which the backdrop of the stage was built with five three-dimensional extensions depicting foreshortened public streets radiating away from the audience. Instead of a simple proscenium separating the audience from the actors, Palladio gives the stage a thick three-dimensional U-shaped frame encrusted with three-dimensional statuary which continues around the oval space of the audience. Above both the audience and the three-dimensional faux street scene is a continuous trompe-l'oeil sky. Both devices work to conjoin the audience to the space of the performance, which are all bound to each other within Palladio's construct of idealized city. The contrivance of the scene is so complete that it does not matter that the background of the stage has been permanently relegated to depicting the public street for all types of performances.

As Palladio's concept revolutionized the construct of the theater, it also instigated a significant parallel in the intellectual construct of public space outside the theatre: Through his gesture, the street and its public function were simultaneously endowed with an equivalently dramatic, imaginative dimension. The representational device by which these two realms – public versus dramatic space, real versus imaginary – were united was the perspective. In Palladio's theater, the notion that civic space was the stuff of drama was reinforced by the illusion created by a complex play of two vs. three-dimensional surfaces reinforced by perfect lines and embodied planes of human figures – actions and gestures contained within a thick mirage of unstable space.

Post-Modernism and the Architectural Stage

Throughout the Western world in the 1970s and 80s, yet another version of the Renaissance impulse reinstituted the theatricality of the street, but in different terms and for very different reasons. According to the anthropologically embedded writings on the city in the 1960s, including those from Joseph Rykwert, Jane Jacobs, and Peter and Alison Smithson, the street was heroically recast as the fundamental locus of human communication. Standing symbolically and literally against all that went wrong in late modern Corbusian-inspired CIAM urbanism, the local vernacular street, with its incumbent peculiar activities, established an esoteric humanitarianism as a challenge to the functionally rationalized boulevard, the idealized infrastructure for both high-speed traffic and the transfusion of air and light in the newly hygienicized city.

The ultimate effect of these writings, which are still felt today, materialized as syntactical typologies of vernacular European architecture, especially by such figures as Charles Jencks, Michael Graves, Charles Moore, and many others. The premise was simple and seemingly benevolent: Codified classical archetypes could be deployed to rediscover meaningful public space and architecture. Vocabulary and typology were the harbingers of a return to public spaces with the qualities and potency of the theatrical setting, i.e. properly *Vitruvian* theatrical street settings, with all of the ramifications and possibilities of weighty social exchange.

It was within this milieu of issues that one particularly important precedent for the work of Rogers evolved – that of James Stirling (who Rogers has more than once cited as a mentor and inspiration) – but against which it is significant to contrast in this argument. Stirling's quest, as it evolved from the 1950s through the 1980s, combined modernist language – especially that of Russian constructivism, or that which issued from functional or technological concerns – with the historicist past. As Stirling's career evolved from acting as an expressionist pioneer with his landmark Leicester Engineering Building, to serving as a historicist mentor in later years, he inspired the careers of many young architects, ranging from Richard Rogers to Terry Farrell, the latter arguably exemplifying the bombastic eventuality of a language that set caricaturized mechanical componentry against rote quotations of classical elements.

Terry Farrell, Charing Cross Station, City of Westminster, 1985–90, as seen from Hungerford Bridge. Drama expended on the Thames

It is not, however, the legacy of Stirling's inspiration to Rogers that this essay wishes to unearth. Indeed, it is precisely the post-modern use of referent image and the concept of an architectural setpiece that this essay will attempt to depreciate as the most relevant of precedents. This aim is significant in that critiques of Rogers' work have often focused on his use of vaguely historicizing elements, especially at his Lloyd's of London building, lumping his work into the greater post-modern repertoire, and relegating his technological devotion to image-making folly. This categorization might be challenged (elsewhere) through recounting the actual environmental functioning of the building, but here my distinction will be mobilized around the structural change in the concept of theater which occurred within the era in which Rogers conceived his buildings. In this pursuit, we will turn to another mentor of Rogers, architect and educator Cedric Price, who ultimately provides a far more fertile ground for directly relating the concepts of new theater to the architecture which not only housed it, but which also served to embody its radicalized tenets. In this sense, we are interested both in the seminal influence of Joan Littlewood's avantgarde theater on Price as well as the deep and often political commitment of Richard Rogers to the public street.

Carnivalesque Transparency: The New Theater

If the principles of the New Theater of 1970s London and Paris were to be crystallized conceptually, it would not occur in the closed theater, but rather in that realm of the real – especially that of the public street. As new genres of 'happenings' and 'street theater' appeared to explicitly call forth the ambiguity between the imaginary dramatic and the real of everyday life, the reality of the street was instrumentalized for the purposes of the theater, often with political overtones. Indeed, the actional, subject-oriented structure that was deeply embedded in the new theater returned in many ways to that of the Renaissance illusion between stage and street, with far more potency and timeliness than the post-modern architectural setpieces that rested on the notion of building as a benign referential background. Central to the concept of this theater was the license given to the anonymous individual to "act" within the performance, thus overturning normative roles of theater and audience. As the individual was empowered to express herself, she was simultaneously figured as a subject, at least in the terms eloquently established by Judith Butler's writings on theatricality.[4] As the performance attracted numerous individuals, who together violated normative codes of behavior in the face of regulating power, the collective subject itself was theoretically figured.

Taking precedence from both medieval carnivals and impromptu street performances, new art forms – happenings, situations, and street theater – were united with the idea of the street protest, inherited from the early Marxist revolutions that had gained new prominence during Vietnam. Through the uncontested reality of the street, both planned and spontaneous dramatic action served to displace that reality, bridging, the imaginary and real through theater. Allen Kaprow, who led the United States-based happenings, contended that the street, as the 'gateway to the masses,' was the primary venue for this new art.

Scenarios varied widely in these new forms, but they all shared various sensibilities and techniques. Where a 'situation,' for example, was literally constructed out of an everyday setting with few added gestures, a 'happening' was distinguished by incorporating an explicitly theatrical moment with a normative setting. Essential to both forms was the

[4] Butler writes in Psychic life: Theories of Subjection (Stanford: Stanford University Press, 1997) and Excitable Speech: A Politics of the Performative (London: Routledge, 1997) of the authority of delimiting agencies – powers and|or conventions of speech to provoke the figuration of the subject as a struggle against that limitation.

non-matrixed performance, which was devoid of the structure of plot, in which the multiple focus of the action emphasized the undefined relationship between the actors' and audience's consciously shifting roles.[5] Through the trick of artifice, participants were free to engage and, in essence, become the theater or the environment. The immersion of the participant as a direct witness to the reality of the situation consequently provoked the participant to reflect on the "message complexity" of the existing street. Indeed, the genre hinged on the motivation of the participants to think and to decipher the performance within its socio-economic and political contexts, instigating a rapport between art and politics.[6]

There were various European versions of Kaprow and his group, including the "Paris Action" group, Yves Klein and Piero Manzoni, and the Zero Group in Dusseldorf. In these groups, staged actions, events, and demonstrations foreshadowed the conceptual art performance pieces of the 1970s of groups such as Fluxus or Recherche de l'Art in France. In Britain, a particular synthesis emerged as performance art hybridized with more popular forms of vaudeville, circus and cabaret, which resulted in a kind of outdoor absurdist theater whose particularly British sensibility had evolved from that of the sexually grotesque, folkloric 'Punch' puppet comedy to that of the international phenomenon of Monty Python and the Flying Circus.[7]

The oldest and most established of the theatrical groups, the "Welfare State International" (WSI), which performed from the 1960s through the 1980s, took a slightly different turn in constituting the form. Especially in their seminal work of the 1970s, WSI's productions would begin months before the opening performance with reconnaissance missions to small communities to collect local stories and/or myths (both historical and contemporary). By enlisting community participants over the next few months to help plan and perform in shows, the group thus established a double-seamlessness with the locale, resulting in the community acting out its own narrative.

5
See an excellent discussion of matrixed and non-matrixed performance in Michael Kirby's "The New Theater", in: Mariellen R. Sandford (Ed.), *Happening and Other Acts* (London et al.: Routledge, 1995), pp. 30–32.

6
ibid.

7
Bim Mason, "The Unappreciated Outsider", in: *Street theatre and other outdoor performance* (London et al.: Routledge, 1992), pp. 3–25. These groups included Jerome Savage's Grand Magique Circus, Forkbeard Fantasy, the Footsbarn Theater Company as well as a number of pieces emerging out of popular festivals and carnivals throughout England.

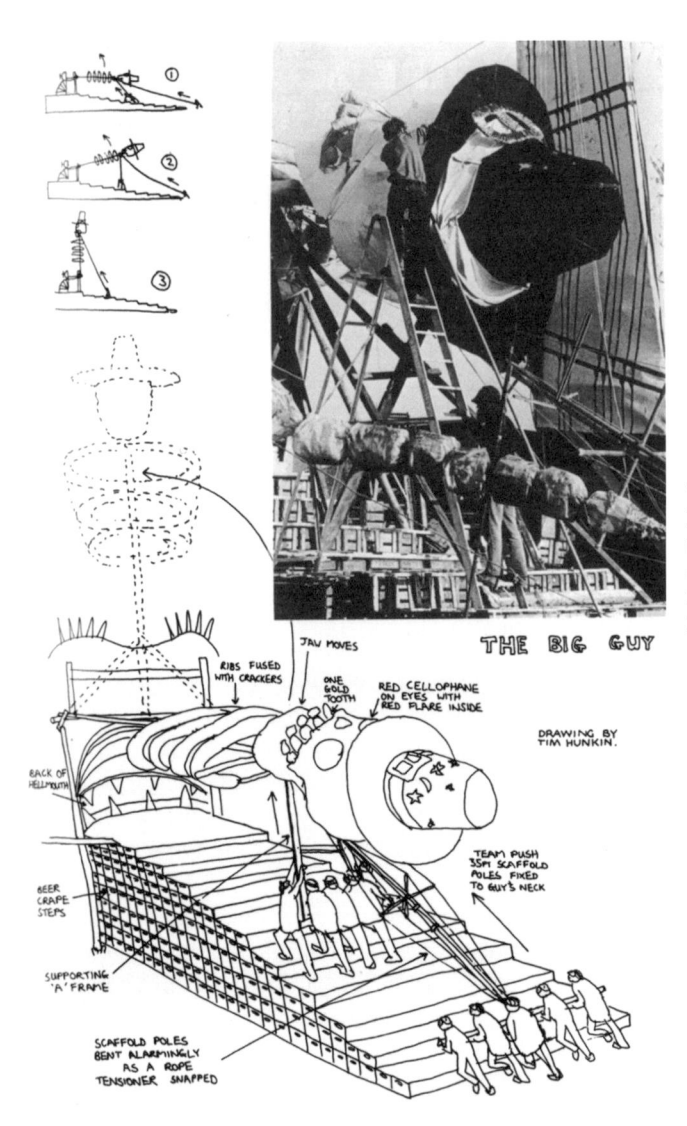

Welfare State International, the last performance of "Parliament in Flames," Catford, London, 1981

In south London in 1981, for example, WSI staged a burning of a 13-meter-high replica of Big Ben and the Parliament building, re-enacting the popular historic event in which Guy Fawkes, a seventeenth-century religious terrorist, was prevented from burning down Parliament during its opening ceremonies. In the WSI version, Parliament does burn, with the help of large puppets of Margaret Thatcher, giant birds, fireflies and a 5-meter-high stork mounted on a car, all set to a soundtrack of the Sex Pistols' *Anarchy in the UK* and the

Rolling Stones' *Sympathy for the Devil*. Lured by the promise of a bonfire and fireworks, an audience of 15,000 people unwittingly became involved with the drama and its political dimension. The event thus engaged the community in restaging its own mythic construct, recreating it in contemporary terms while employing techniques of the carnivalesque, in order to render the particular message content visceral. The group's use of enlarged body figures engaged in terrifying spectacles recalled the raucous medieval festival as it has been recounted by Mikhail Bakhtin, whose writings on Rabelais expound on the use of the grotesque body in popular festive forms. Embodying a particular form of transgressive, licentious comedy, Bakhtin's carnivalesque "ultimately consecrated laughter to a level of ideological consciousness."[8]

At the same time, another of WSI's primary intentions was to train the local community to stage other such productions on their own. The group even went on to publish an instructional handbook entitled "Engineers of the Imagination," the purpose of which was not so much to document the performances than to impart the very specific technical information necessary to recreate them.[9] Techniques would thus be passed on in order to keep theatrical productions going on well after the group departed, changing, in essence, the cultural constitution and practice of the community.

8
Mikhail M. Bakhtin, *Rabelais and his world* (Bloomington, Ind.: Indiana University Press, 1984), p. 473.

9
The group offers, for example, extensive construction details for their large cardboard puppets as well as exact directions for ignition and pyrotechnics. See Tony Coult, Baz Kershaw (Eds.), *Engineers of the Imagination: The Welfare State Handbook* (London: Methuane London Ltd., 1983), pp. 60–139.

Archigram, Instant City Airship, 1968. An agenda for dramatic intervention: Arrive, dramatize, impart and embark

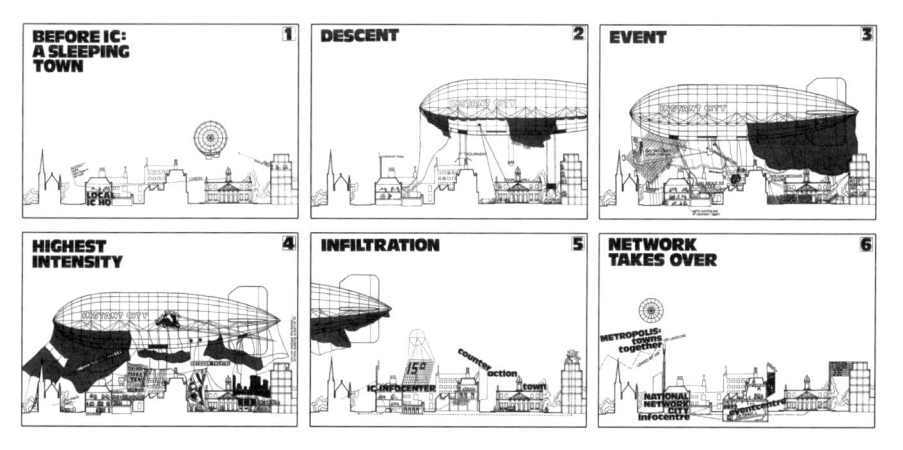

The relevance of the recasting of such theater in the streets to the very well-established traditions of theater is clear, but the specific techniques of WSI should be of interest to any aficionado of the British counter-culture architectural group, Archigram. Their project, "Instant City", corresponds very closely to the principles and practices of the WSI. This was, after all, a proposal for an event rather than a building project, a call to instigate social change through impromptu theater. In Archigram's project, a traveling megapolis was meant to bring metropolitan dynamism to the provinces. Using mobile, deployable vehicles, Archigram brought icons from industry, science, and the military to a similar level of humorous excess. Ultimately indifferent to the object value of such installations, the final artistic 'piece' was – like that of Welfare State – the provocation of a local community to self-realization through expression, and the insured continuation of that cultural impetus by the embedding of learned techniques and networked structures of culture. The resulting seamlessness between cultural form and community, prompted by the excesses of humor, could even be labeled as another form of *transparency*. The consequence of this transparency was, equally, the emergence of the collective subject.

Price and Littlewood, and then Beaubourg, yet again.
To add to this substantial tradition of incorporating explicitly theatrical principles into an architectural construct, we only have to look at the influence of theatrical producer Joan Littlewood on the legendary architect and educator Cedric Price. Approaching Price in 1961 with an agenda of dismantling the tired formalism of traditional theater, Littlewood proposed a venue that would present animate theater through direct community activity and amusement. (Ideals that should by now be more than familiar in this essay.) Her visionary project addressed the new leisure time provided by an increasingly mechanized workplace, and was poised to free the general population from the temptations of passive entertainment that were being introduced to everyday life by American consumerism. Littlewood and Price programmed the facility to incorporate – alongside both high and low art forms – opportunities for direct participation or casual observation, as

well as everyday activities such as eating, socializing and drinking. The multitude of different entertainment venues allowed people to get involved with whatever performance was at hand. Littlewood and Price nicknamed the project at various points, "A Laboratory of Fun", and, "A University of the Streets", but finally settled on the simple name, "Fun Palace."

Cedric Price, Fun Palace for Joan Littlewood, 1959–1961: Beaubourg to come

10
Nadine Holdsworth, *Joan Littlewood* (London: Routledge, 2006), pp. 32–36.

Despite the use of the latest gadgetry and technological apparatuses, Littlewood said that her concept for the facility, in all its freedom and multiplicity, was essentially that of a public park.[10] The facility was to be, by definition, seamless, or *transparent*: it was to be connected, open-air and without enclosure, to the streets and as well to regional and national locales through communication and transportation systems. Identical to the precepts of street theater, the project was conceptualized as being open to having unwitting participants stumble across it, entering almost by chance, and then consequently becoming engaged creatively. Spectators would become participants; participants would become spectators. The building's transparency was one of a field of embedded, porous events that everyone could occupy, activate at will, and most importantly, in which they could fluidly exchange roles with each other.

For Price, the challenge was finding a set of building elements that would allow the structure to be as flexible in function and identity as the theatrical exchange inside. These elements would ideally be combinable, in order to accommodate the time frames of the multiple activities that would need to be interchanged in the event that a restless public grew tired or wanted to shift their attention to a different type of event. Price chose a big-box typology for his building, one that was completely permeable, temporary, and unenclosed. Composed of conventional steel truss framework systems, Price chose a language of vernacular low-tech industry, liberally deploying cranes, scaffolding that was familiar from traveling concert technologies, and transport container apparatuses. Inside the big box, all the programmatic elements would be suspended by cranes that were able to travel along rails at the top of the box, moving pieces inside at will, actualizing ideas of chance, uncertainty, and temporality. It is noteworthy that Price chose to document his system not as a set of detailed construction plans, but as an instructional assembly of a kit-of-parts, suggesting that flexibility was inherent in the concept of building, as process as well as form. These conventional systems were chosen through a semiotically endowed search; the familiarity of the off-the-shelf structural and mechanical systems would be seamless with the community's sensibilities, thereby furthering Price's mission to disguise the theater within the everyday of the city, foregrounding the performance rather than the venue. Price's explicit denial of innovation in technology and|or building form was thus ideologically grounded; an unrecognizable building would serve to contrive the populace into participation.

In the long run, the experimental project was left bereft by a government that was locked in its own battle over funding for the arts. When a site was finally chosen, the project became further embroiled in arguments between local councils, potential funders, town planners, and local residents. The project died after a protracted series of passionate debates. In the 1970s, Price did finally realize a much-reduced version of the Fun Palace in his Inter-Action Center in London, a multi-purpose community center that provided workshops, rehearsal rooms studios, etc. The utterly unexceptional jumble of industrial elements evidences his characteristic pursuit of "dogged artlessness", through which he searched for a deliberate anonymity in the forms of the everyday. In terms of the combination of pieces and the randomness of configuration and interaction, Price also carried forth these ideas in his much later "Generator" project, a theater complex in Florida which was meant to change setting and ambience through the combination of modular pieces according to the performance and|or a random computer setting. This visionary project, however, was also never realized.

Indeed, the ultimate realization of Price's project was not achieved by Price himself, but rather by two young architects in the 1970s who, swept away by Price's specific ideas of change and performance, coupled it with the machinic abandon of Archigram's technological language. This was, of course, Renzo Piano and Richard Rogers' Centre Pompidou, built in 1977 in Paris, which is popularly acknowledged as the only Archigram building ever to be realized in its era, as well as the manifestation, finally, of Price's Fun Palace. The terms in which Price's project and the Beaubourg are similar are copious, the most noteworthy being their big-box typologies, their mechanical and structural infrastructures – both of which were conceived in the service of change and flexibility – in addition to central concepts that involved over-programming the uses of the facilities and under-programming the spaces in-between, which prompted occupation as a spontaneous "happening."[11]

The differences between the buildings, however, are equally significant. Where Price's efforts throughout his career were directed towards reaching the anonymous ethereality of the everyday in an exacting and subtle oscillation within the existing industrial domain, Rice and Rogers' efforts demonstrated the contrary. If the ultimate fulfillment for Price was for his work to attain a disguised threshold for the fluid exchange of subject|viewer identity, Rice and Roger's operation on the conscious and subconscious of an equally unwitting participant was of a very different nature. Through the use of a grossly exaggerated technological vocabulary and the deployment of the grotesque instead of the anonymous, the *carnivalesque* was achieved.

After the completion of the Pompidou, the two young architects parted ways. Piano continued to develop precise construction techniques but considerably underplayed the confrontational potential of exaggerated technological language. Rogers, on the other hand, took exactly that impetus and ran with it, continuing to delve into its particular potency. In the Lloyd's of London, (1978–86), the first of Rogers' major commissions after the completion of the Beaubourg, we find a corporate flagship building commissioned by the oldest shipping insurance brokerage company in London, an indubitably blue-chip company located on a highly rarified site in the heart of the very conservative financial district, the City

11
In *The Glass State*, I argue that Rice's decision to use highly customized cast steel was deliberate and conscious, a Benjaminian technique to provide the necessary component of *shock*: By escaping being read as conventional construction, the building's component would be other to a recognizable sensibility, thus undermining notions of elitist culture. By clearly exposing constructional techniques into view, color-coded for absolute legibility, according to the architects, *transparency* would enlighten, amuse, and even "comfort" the general public. See Chap. 2, "Populist Frames: Eiffel and Pompidou, Again," pp. 42–94.

of London. And yet, Rogers' shocking building belies, challenges, indeed attempts to overturn the building's conservative lineage and constituent activities.

In terms of basic organization and morphology, Rogers' building is based on the original setting of the company from which it evolved historically: a modest table at an inn at which a group of ship owners gathered to collectively insure each other from catastrophic loss. In organizing the building, Rogers straight-forwardly followed the particular morphology that the company itself recognized as being seminal to the evolution of its trading practices. The building's footprint is a simple rectangle, centered by one grand monumental space. The surrounding open floors are furnished with modest tables that connote the casual, albeit highly moneyed, conversations.[12]

12 My thanks to Martin Leach for this and many other remarkable anecdotes he gave to me during the lengthy tour of Lloyd's in 2005 about the building.

Norman Foster, 51 Lime Street, 2007. Norman Foster's office building across the street from Lloyd's, a clear homage to the iconic legacy of Rogers' flank. Foster's building provides a mirrored bowl to grasp Lloyd's flank, as elevation, in totality

Nothing in the simple layout, however, adequately prepares the visitor for being able to comprehend the building's excess of articulation on the surface of the building. As with the Beaubourg, Rogers encases his simple rectangle into a *deep* surface of mechanical, structural, and movement apparatuses. However, in the later private building, Rogers does not have the latitude to fully realize the freedom of three-dimensional public space. Indeed, here the three-dimensional morphology of the Beaubourg collapses into the fertile arena of the building's envelope. Elements which instilled the theatricality of the Beaubourg are here squeezed and compressed; Lloyd's surface is compacted with countless prosceniums, overhanging balconies, and intricate stairs leading visitors up into the recesses and excesses of the building's surface, with little intent of destination or purpose other than to simply occupy it. This collapse of the three-dimensional (Beaubourg) space into the thick two-dimensional surface of Lloyd's is accompanied by the theatrical concept that is deeply embedded within it – the surface of the building becomes the public interactive event. Rogers splits the public life of the street downward into the basement public level and upward onto the literal surface of the building. In the same dramatic oscillation between two- and three-dimensional projections that can be observed at the Teatro Olympico, the denizens of the street enter the fantastic realm of the surface and by doing so, become participants of the irreality at the very edge of the normative street: connective tissue of a most dramatic exchange.

This insight challenges the popular understanding of Lloyd's surface as a pure manifestation of technological features, despite the claims of both its architects and legions of technical apostles. These are not the simple embellishments of a didacticism meant to reveal and expose the structural and environmental workings of the building! The encrustation of the envelop of Lloyd's speaks more to the engorgement of the building as a theatrical surface than to the mere fulfillment of a building's environmental and structural demands.[13]

Equally latent is the concept of the building as a biological body. Rogers' air conditioning ductwork is not a system which politely carries carefully calculated volumes of air neatly around to comfortable environments. Rather, it evokes the stuff of intestines and veins and digestive organs, crawling over

[13] Ramadav Mahadev, central to Ove Arup's environmental engineering of the building, states that, as revolutionary as the building's climactic systems were at the time of the building's conception, nevertheless the over-articulation of the surface increased substantially the surface area to be conditioned, resulting in the canceling out of many of the beneficial attempts of the passive systems. From a lecture at PennDesign, October 2007.

a building poised to emanate bodily waste, spewing and belching all over the restrained commercial streets of the City of London. Here, gross technology plays out the same role of the grotesque in the imaginative performance that is central to Bahktin's carnival. This imaginative dimension exacted its own political consequences; the carnival, loaded with means of degradation and excess, was also ultimately fertile as a collectivizing agent. Bahktin's writings on laughter are quintessential to his concept of the politics latent in the grotesque. In the carnival, through the laughter involved in the gross return to the body, hierarchies of communality are dissolved: "The material bodily principle in grotesque realism is offered in its all popular festive and utopian aspect. The cosmic, social and bodily elements are given here as an indivisible whole. And this whole is gay and gracious."[14]

Bakhtin's ideas on the medieval festival also uncannily resemble the genre of the new theatre of the 1970s: "But the basic carnival nucleus of this culture is by no means a purely artistic form nor a spectacle and does not, generally speaking, belong to the sphere of art. It belongs to the borderline between art and life. In reality, it is life itself, but shaped according to a certain pattern of play."[15] This is not a trick played on an unwitting participant, but a similar call to suspend disbelief and join in on the raucous and the absurd. In doing so, identity is not exchanged but given up entirely to collective laughter – laughter as resistant to norms of societal constraint and legislation. Could it be that the act of engorgement – surfaces, structures, and all elements ripe for ready articulation – constitutes in itself a theatrical operation? By providing a grotesque surface directly conjoined to the public street, Rogers certainly provides a theatrical 'setting', but also and more importantly, instigates a suspended moment for its public audience in its excess – a portal back to the carnival. This speculation is substantiated by the lineage of the morphology of the building's surface, which emanated out of the definitive evolution of specifically theatrical precedents. Could it be that Rogers' act of presenting a confrontationally deep surface on the face of a resistant conservative institution directly on a public street was a political gesture equivalent to many forms of the new street theater? This last contention deserves expansion.

[14] Mikhail M. Bakhtin, p. 19.
[15] ibid., p. 7.

16
From Rogers' public lecture at the University of Pennsylvania, March 10, 2007.

Rogers' political inclination as an avowed socialist has been emphatic, and it is most apparent in his devotion to public space. Tellingly, in the latter half of his career, despite the increasingly significant building commissions awarded to his office, Rogers has most often turned his full attention to planning initiatives in London, delving into issues uniting sustainability with sociability, often citing the Renaissance street as the ultimate reference of idealized public space.[16] It is no coincidence when it comes to Lloyd's that Rogers lavishes many of the secondary aspects of the building at the junction of the street with this kind of devotion. His placement of dramatic stair elements emerging from the street, the rear sequence of spaces and elements complementing the street entrance to the adjacent Leadenhall Market, and the open subterranean level as a continuous public space, all attest to his homage to the public domain. In the original sections and elevations of the building, Rogers optimistically litters all the public surfaces with an ebullient crowd. As at the Beaubourg, Lloyd's of London was meant to inject its urban setting with a celebratory moment of a large, cacophonous and unstratified public.

Richard Rogers, Lloyd's of London (1978–86). Stair as theatrical box; one of many such moments along the street (Photo taken off-hours)

After terrorist incidents of the late 1980s and early 1990s, the administration at Lloyd's unfortunately closed the public gallery that was planned by Rogers to provide an accessible visitation space into the heart of the building. Intended to be located on an upper floor, this space would have ensured public viewing of the bowel of the dizzying trading hall inside. Indeed, the building is haunted by several such contradictions to its ennobling aspirations. During opening hours, guards stand by outside to prevent the public from climbing the stairs and occupying the boxes positioned for witnessing the theater of the street below. Neither could any amount of over-programming the subterranean level conquer the clock and calendar of the surrounding City of London: after five and on weekends the streets around the building are as characteristically desolate as any in the surrounding financial district.

Nevertheless, the facade functions on, albeit virtually. The character of the building in its full grotesque potency prompts the public, as they gaze upward slack-jawed, to imaginatively "fall into" the space of the building's edge. The intensity of the robustly crafted surface establishes an unequivocal theatrical presence on its own. While the ideology of the building is denied physical realization, it is nonetheless porous, and indeed transparent, imaginative, and theatrical to the public left below on the street.

If there is any doubt to Rogers' underlying intentions, they are born out again and again in subsequent work. In building after building, Rogers doggedly attempts to bring publicly accessible spaces into the realms of the most privatized of institutions. Relentlessly, he incorporates theatrical elements into his buildings, placing amphitheaters in the most ordinary of landscapes and public theaters whenever possible within buildings. Small theatrical occasions are disguised as conventional elements, such as stairs leading into his buildings or transparent elevators transporting unwitting performers up the face of his buildings. At Rogers' Channel 4 Headquarters of a few years later, for example, on a site generous enough to allow for the possibility of an open space as the entry and foreground to the building, Rogers configured the building as a pair of open arms thrusting a round, open court out toward the greater urban context of Victoria Station and its environs. This entry court is furnished with an extravagantly detailed facade

Richard Rogers, Channel 4 (1995). From interior looking down at entry court, through glass facade, to glass canopy, glass bridge and glass atrium to theater vestibule below

of structural glass designed by the Parisian engineers, RFR (Rice Francis Ritchie). The court acts as stage, the glass as a filigree backdrop. A glass canopy projects out symmetrically over a bridge that crosses over a glass ceiling to the basement level below. A more deliberately conceived dramatic urban stage is hard to imagine.

Similar to Lloyd's of London, in the interior of the radio production station, Rogers planned two public circulation routes and destinations. The first allows the visitor to traverse the semi-public lobby and restaurant space into a public garden beyond, furnished with an amphitheater (of course). The second passage rotates through the interior entry, proceeding under the glass light-well under the glass canopy and terminating in (what else, but) a screening amphitheater theater for public events.

In its material refinement, the advanced glass technology does not aspire to the grotesque dimension of Lloyd's, but rather maintains a precise and complexly layered elegance made up of highly crafted nautical fittings and a meshwork of tension cables bracing the structural glass. Neither are the flanks of the building facing the two side streets of the same material extravagance as Lloyd's. In this respect, the building might be seen as characterizing a shift in Rogers' work towards a subtlety that continues on into the latter years of his career. While the didactic mission of the surface articulation of his buildings continues, they are enclosed in increasingly monolithic envelopes – perhaps a testament to environmental necessity, perhaps in deference to the final passing of a historical moment of radical theatrical excess. And yet, the celebratory transparency of the elements engages in a didacticism that celebrates an essential concept. As project architect Avtar Lotay concedes, as important as the processional sequence is to grasping the building, nevertheless, "The theatre of the building is in its surface."[17]

Predictably, after the IRA bombings of the 1990s, public access to the interior of Channel 4, as at Lloyd's of London, has been permanently closed down. This essay ends by grasping the tragic fate of Rogers' unrequited desire for public theater and its particular capacity to activate public space. This would certainly explain Rogers' turn to the actual mechanisms and policies of public space in the latter-day arena of urban

17
My thanks to Avtar Lotay of the Richard Rogers Partnership, who has given a great deal of time over the past few years, granting numerous tours of Rogers' buildings and office.

planning in London, where his friendship with and allegiance to the controversial London mayor Ken Livingston allowed for the influence of his spatial politics to be more fully manifested. Within Rogers' failure lies the ultimate conflict presented by the unrelenting demands for privacy and security in the most reified of capitalistic corporate and institutional settings. The vulnerability of public space to corporate caprice underscores the inevitable devaluation of public space within purely private constructs. As Rogers himself seems to have realized, the responsibility of public agency is not simply to insure the access of the public to certain spaces and certain events within buildings, but to legislate the possibility for the operations of theater to configure public consciousness and public subjectivity.

And yet, Rogers' buildings – particularly Lloyd's of London – speak otherwise to the capacity of buildings themselves, through physical provocation rather than literal access, of prompting a continuing legacy of a particular notion of theatricality. If we are to believe in the lineage of the building as well as the continuing fascination it holds for the most distracted of street occupants, the public theater is here, although relegated to a latent state, still standing as a continuing testament to Rogers' tenacious will to provoke public engagement and to generate public performance.

Jörg H. Gleiter
Die Krise des Realen
Japans virtuelle Materialität

Das digitale Habitat ist eine Realität. Es beschwört gleichsam die Krise des Realen. Die aufregend neue Gegenstandslosigkeit der digitalen Technologien lässt sich immer weniger auf die Bildschirme beschränken. Rücksichtslos versuchen die ins Unsichtbare sich verflüchtigenden Technologien allem und jedem ihre digitale Logik aufzudrängen. Unabhängig voneinander reagieren darauf die japanischen Architekten Jun Aoki und Kazuyo Sejima. Sie verkünden einfach die Aufhebung der Grenze zwischen der virtuellen Realität und der materiellen Objektwelt. Gebäude, die leichter sind als Luft, sind ihre Reaktion. Doch dahinter verbirgt sich alles andere als eine Avantgarde-Attitüde. Im Gegenteil, mit dem Neuesten gelingt es ihnen, gerade die Verbindung zum Ältesten sichtbar werden zu lassen, jene magische Affinität der Jetztzeit mit dem Vorvergangenen, das ist die Affinität der im Nanobereich sich verflüchtigenden neuen Technologien mit dem Nihilismus der zenbuddhistischen Ästhetik des Verschwindens.

Virtuelle Materialität

Ein Haus ohne Schatten ist Jun Aokis Pavillon, den er 1999 für Louis Vuitton in Nagoya errichtete: ein einfaches, quaderförmiges Volumen, das ganz ohne das rechnergestützte, formale Muskelspiel von exzentrischen Kurven und üppigen Wölbungen der digitalen Avantgarde auskommt. Es verzichtet also auf all das, womit heute die Überwindung der Schwerkraft in der Architektur zelebriert wird. Trotzdem ist das Gebäude nicht einfach eine Box, sondern von sehr eigener, irritierender Dynamik. Es dürfte wohl eines der ersten Projekte gewesen sein mit dem Versuch, die kulturelle Logik des digitalen Habitats in den Gehalt der Architektur aufzunehmen, das Nichtsichtbare des Digitalen in sinnliche Erfahrbarkeit zu wandeln und dabei auf die Applikation jeglicher digitaler Techniken zu verzichten.

Chamäleonartig vollzieht das Gebäude über den Tag hinweg eine eigenartige Metamorphose. Je nach Lichtsituation und je nach Position des Betrachters erscheint es in differenter Stofflichkeit. Dabei ist das Gebäude sehr real, seine Außenhaut besteht aus zwei Ebenen, einem äußeren, transparenten Volumen aus Glas, in das, im Abstand von etwa einem Meter, ein zweites Volumen aus einem opaken, festen Material gestellt ist. Beide sind mit demselben Karomuster bedruckt. Das lässt aufgrund der räumlichen Distanz und je nach Blickwinkel und Lichtverhältnissen ein bewegtes Moiré-Muster entstehen, mit dem Effekt, dass das Gebäude bei Tag in einen leichten, ja

Jun Aokis Pavillon
für Louis Vuitton
in Nagoya, 1999

transparenten, karierten Stoff gehüllt zu sein scheint. Nachts hingegen, bei künstlicher Beleuchtung, wird die dahinterliegende, opake Ebene optisch aktiv. Dort entsteht dann, mit der typischen Noppenstruktur, die Illusion einer üppig mit Leder bezogenen Wand.

Aber alles ist nur Schein, der Moiré-Effekt erzeugt nur die Illusion von Stofflichkeit. Was sinnlich erfahrbar ist, ist nur virtuell präsent. Denn tritt man näher, so löst sich die Materialität auf, fassbar bleibt nur die nackte Realität, das blanke, kalte Glas. Spätestens in diesem Moment wird deutlich, dass das eigentliche architektonische Ereignis, die Erfahrung des Materials und seiner optisch-taktilen Sinnlichkeit gar nicht real ist, sondern chimärenhaft nur als Wahrnehmungsphänomen existiert. Alles ist nur Augenblickszauber, flüchtig, scheinhaft und singulär und steht außerhalb der Kausalität der Moderne von Produktion und Reproduktion, von Repetition und Serialität.

Mit der Ephemerität des materiellen Scheins scheint die Logik des digitalen Zeitalters unmittelbar in die Sichtbarkeit und sinnliche Erfahrbarkeit der Architektur umgesetzt. Denn, will die Architektur ihren Status als zentrale kulturelle Praxis aufrechterhalten, so muss sie gerade dieses tun, nämlich die kulturelle Logik der jeweiligen Zeit in ihren Gehalt aufnehmen. Mit seinem Gebäude in Nagoya dürfte es Aoki gelungen sein, die veränderte Sichtbarkeit und Wahrnehmungsweise im digitalen Zeitalter in architektonische Erfahrung zu transformieren. Nach Walter Benjamin führt ja die sich stetig verändernde kulturelle Logik immer zur veränderten Wahrnehmung, zur Veränderung der Apperzeption und Erkenntnis. Die menschliche Sinneswahrnehmung ist eben weniger natürlich als geschichtlich bedingt und der Veränderung durch die kulturelle Logik der jeweiligen Zeit unterworfen, wie Benjamin für die Einschnitte der Moderne in die alten Sehgewohnheiten feststellte. Nichts anderes gilt heute. Mit der neuen kulturellen Logik der digitalen Bilderwelten sehen wir nichts anderes, aber wir sehen anders.

Aura und Reauratisierung

Aber nicht bloßes Up-to-date-sein-Wollen war das Anliegen Aokis. Aus der Transformation der Architektur zur symbolischen Form des digitalen Zeitalters erhält Aokis

Architektur ihre stärksten Impulse. Er steht damit in einer Linie mit Architekten wie Hannes Meyer und Toyo Ito. Denn Meyers Co-op Interieur von 1926 verfolgte Ähnliches. Dort ist, im Kontext des Maschinenzeitalters, die Wohnung auf das Reproduzierbare reduziert: auf Bett, Faltstuhl und Grammophon, abgestimmt auf die Bedürfnisse des Nomaden des modernen Lebens, auf die neue Wahrnehmung im Kontext einer Kultur von Repetition, Serialisierung und Reproduktion. Toyo Ito knüpfte in den 1990er-Jahren daran an und entwarf eine Serie von hauchdünnen, minimalen Strukturen als Wohnungen für den Stadtnomaden des elektronischen Zeitalters. Er nannte diese Zelte, die fast so leicht waren wie Luft, *Paoh*. Aoki löste dann die Architektur für das digitale Zeitalter ganz im Spiel von Sein und Schein sowie der Verschränkung ihrer Stofflichkeit auf. Der Pavillon in Nagoya ist nur noch eine Fata Morgana im Dschungel der Großstadt.

Während Benjamin für das Zeitalter der technischen Reproduzierbarkeit den Verlust der Aura prognostiziert hatte, scheint Aoki mit der Virtualität der Materialität nichts weniger als die Reauratisierung der Alltagskultur zu betreiben. Aura, das ist nach Benjamin die Einmaligkeit und Unwiederholbarkeit des Erlebten, eine Wirklichkeit, die an den Ort und die Zeit der sinnlichen Erfahrung durch den Betrachter gebunden ist. Aura bedeutet für Benjamin das »Hier und Jetzt des Kunstwerks – sein einmaliges Dasein an dem Orte, an dem es sich befindet«[1] oder: »An einem Sommernachmittag ruhend einem Gebirgszug am Horizont oder einem Zweig folgend, der seinen Schatten auf den Ruhenden wirft – das heißt die Aura dieser Berge, dieses Zweiges atmen.«[2] Aufgrund der Reproduktionstechniken, des Gleichartigen in der Welt, so Benjamin, verschwänden in der Moderne die letzten Reste der Aura der künstlerischen Werke, die Gegenstände entschälten sich mit den neuen Reproduktionsverfahren aus ihrer traditionellen, auratischen Hülle. Heute jedoch, im Zeitalter der unterschiedslosen Kopiertechniken, der Auflösung der Kategorie von Original und Kopie und der Möglichkeit ihrer beliebigen Manipulation, aber auch ganz konkret mit der neuen Ephemerität der virtuellen Materialität, stellt sich die Frage, ob nicht doch wieder ein auratisches Moment zu veranschlagen ist. War unter den Bedingungen der serialisierten Maschinenproduktion die Aura, das Hier und

---

[1] Walter Benjamin, »Das Kunstwerk im Zeitalter seiner technischen Reproduzierbarkeit«, in: ders., *Gesammelte Schriften*, Rolf Tiedemann, Hermann Schweppenhäuser (Eds.), *Abhandlungen*, vol. 1/2 (Frankfurt | M: Suhrkamp, 1991), p. 437.

[2] Walter Benjamin, »Das Kunstwerk im Zeitalter seiner technischen Reproduzierbarkeit«, in: ibid., p. 440.

Jetzt der Erfahrung, verloren, so scheint sie unter den Bedingungen der Digitalisierung wieder in die Werke zurückzukehren, wenn auch in veränderter konzeptueller Ausrichtung: Sie steht jetzt nicht mehr für das Natürliche und verbürgt keineswegs mehr für die Echtheit der Sache.

Aokis Gebäude verfolgt dabei eine sehr eigene Dialektik. Im Inneren ist es scharfkantig, mit harten, glatten und spiegelnden Oberflächen ausgestattet, alles ist in greller Ausleuchtung überblendet, während es sich nach außen hin in seiner virtuellen Stofflichkeit weich und anschmiegsam zeigt. Es scheint direkt an die von Walter Benjamin beschriebene Warenästhetik des 19. Jahrhunderts anzuknüpfen, jedoch in der direkten Umkehrung ihrer Prinzipien. Aokis Architektur scheint nämlich geradezu handschuhartig jenes Prinzip umzustülpen, das Benjamin für das Fin de Siècle als so charakteristisch beschrieb. Es waren, wie Benjamin in seinem *Passagen-Werk* beschrieb, die mit Seide und Samt überquellend ausgeschlagenen Kästchen, Schachteln und Schatullen, in denen das kollektive Unterbewusstsein des ausgehenden Jahrhunderts sich materialisierte. Gegen die Entwertung der Objekte durch die industrielle Fertigung verfolgten die kostbar mit Seide und Samt ausgeschlagenen Etuis und Schatullen, die Futterale und Schonbezüge die Rettung des Kultwertes im massenproduzierten Industrieprodukt. Ihr Ziel war, dem durch die Maschinenproduktion drohenden Verlust der Authentizität und Einmaligkeit der Objekte entgegenzuwirken. Je mehr sich die kostbaren Tücher und Schatullen an ihren Kanten und Ecken abnutzten, Spuren des Gebrauchs zeigten und fadenscheinig wurden, desto mehr schienen sie ihre Unverwechselbarkeit und Authentizität wiederzuerlangen. Konsequent kehrt Aoki dieses Prinzip für das digitale Zeitalter um. Nicht nach innen, sondern nach außen gibt sich Aokis Architektur ganz der Kurzlebigkeit, der Ephemerität und Scheinhaftigkeit der postindustriellen Konsumgesellschaft hin, deren Obsession nicht mehr die von Produktion und Reproduktion, Serialisierung und Mechanisierung ist. Sie scheint sich ganz dem *total flow* der Bilder hinzugeben, scheint sich ganz an dessen Oberflächenerscheinungen zu verausgaben.

Jun Aokis zweites
Projekt für Louis
Vuitton in Tokios
Roppongi-Distrikt

[3 Das Projekt entstand 2003 in Zusammenarbeit mit Aurelio Clementi und Eric Carlson.]

Lichtfallen

In Aokis zweitem Projekt für Louis Vuitton in Tokios Roppongi-Distrikt geht es in besonderer Weise um die Absorption der kulturellen Logik des digitalen Zeitalters in den ästhetischen Gehalt der Architektur.[3] Was keineswegs heißt, diese wörtlich widerzuspiegeln; sonst wäre sie ja nur schnöde Verdoppelung und damit kaum zur Vermittlung fähig, wie man mit Theodor W. Adorno feststellen könnte. Zu diesem Zweck verwandelte Aoki die Fassade des Gebäudes in Roppongi in einen kaleidoskopartigen Sehapparat. Die Fassade besteht aus Tausenden transparenten Glasröhren, die parallel angeordnet die Fassade bilden und diese in eine überdimensionale, pixelartige Struktur verwandeln. Theoretisch erlauben sie längs ihrer Achsen Durchblicke von außen nach innen und umgekehrt und doch verwirren sich die Sinne beim Blick durch die Röhren. Diese sind nichts weniger als Lichtfallen, aus denen es für den Blick kaum ein Entrinnen gibt. An ihren konkav und konvex gewölbten Oberflächen brechen und überlagern sich die Reflexe und Spiegelungen vielfältig und kaleidoskopartig. Sie durchdringen und potenzieren sich in ihrer Intensität. Letztendlich heben sie sich aber in ihrer Abbildqualität auf, neutralisieren sich und bleiben als abstrakte Lichtimpulse übrig.

Vielleicht kann man von einer Bilder verschlingenden Architektur sprechen, welche die mühsam in die Bilder und Spiegelbilder hineingelegte Gegenständlichkeit wieder zurück in ein informelles Spiel und damit in ihre Farbkomponenten zerlegt, in ein Spiel betörend unbestimmter Farbcluster. Die Fassaden scheinen den kognitiven Akt, durch den wir Lichtpunkte und Nervenimpulse in unserem Bewusstsein in Figuren und Bilder zusammensetzen, einfach umzukehren, sie machen aus Bildern abstrakte Pixelstrukturen und schleierhafte Bildwände. Sie scheinen das Sehen an jenes frühkindliche Stadium zu relegieren, in dem die äußere Welt nahezu konturlos und mehr Ahnung ist und die Gewissheiten noch rein taktiler Art sind.

Will man von Abstraktion sprechen, so nicht als Epochenerscheinung der Moderne, sondern als jene grundlegende Kulturtechnik, mit der es gerade der Architektur gelingt, die jeweils herrschende kulturelle Logik in ihren Gehalt aufzunehmen und den Sinnen erfahrbar zu machen.

Zeitgebunden manifestiert sie sich in je anderer Erscheinung, in der scharfkantigen, ornamentlosen Maschinenästhetik der Moderne oder als Säulenordnung im jeweiligen kulturellen Kräftefeld – des Neuplatonismus der Renaissance, der Gegenreformation des Barock oder der Aufklärung im Klassizismus. Heute dagegen, im Zeitalter der allumfassenden Digitalisierung, wird die kulturelle Logik weitestgehend durch die neuen digitalen Technologien definiert. Sie sind es, die den dominanten Anlehnungskontext für die Reformulierung der kulturellen Funktion der Architektur als symbolische Form bilden.

Und doch, im Falle von Aoki verdankt sich nichts einer technischen, digitalen Raffinesse. Alles gründet auf architektonischen Effekten, alles entspringt der räumlich-kompositorischen Konfiguration der Fassadenelemente und ihrer Glasröhren. Aber gerade hiermit knüpft Aoki an die ältesten Prinzipien der japanischen Kultur an. Denn sowohl in Nagoya wie auch in Roppongi verweist Aoki die Architektur – der optischen Aktivierung des Fassadenzwischenraumes wegen – an die traditionelle japanische Ästhetik, an das Konzept des Zwischenraumes *Ma*. In Japan bezeichnet *Ma* jene Existenzform des Nichts, jenen euklidisch nicht näher bestimmbaren, mysteriösen Zwischenraum, der falsch verstanden wäre, wollte man in ihm nur den mathematisch nicht weiter aufgehenden Rest komplexer räumlicher Figuren erkennen. *Ma* steht in den japanischen Tuschezeichnungen für jene undefinierbaren, sphärischen Flächen, die zwischen den zu perspektivischer Wirkung gestapelten Bildmotiven stehen und offen bleiben. *Ma* erscheint aber auch im Alltag als Form einer nicht näher definierbaren sozialen Distanz, die gleichzeitig Nähe wie auch Distanz ist. *Ma* ist ekstatisch erfüllte Präsenz. Mit dem aktivierten Zwischenraum *Ma* gibt Aoki der Architektur die Unmittelbarkeit der Erfahrung, die Aura der Architektur wieder zurück.

Ästhetik des Verschwindens

Während Aoki noch an der Illusion von Stofflichkeit festhält, verfolgt die Architektin Kazuyo Sejima die Auflösung der Materialität im nahezu assoziationslosen Schein. Im Falle ihres Geschäftsgebäudes für Dior, das in Tokios Harajuku-Distrikt steht, lässt sich einfach nicht mehr sagen, aus welchem Material es besteht. Die Assoziationen, die sich doch einstellen,

Kazuyo Sejima, Geschäftsgebäude für Dior, in Tokios Harajuku-Distrikt

laufen aller architektonischen Erfahrung zuwider. Schleierhaft, milchig-weiß ist die Fassade des mehrgeschossigen Hauses, dessen Gebäudekanten den Begrenzungslinien des Grundstücks folgen. Die Fassade sieht gar nicht wie eine Gebäudehülle aus, wie man diese üblicherweise kennt. Tatsächlich ereignen sich Dinge, die eher aus dem Bereich der Mode bekannt sind. Ähnlich einem dünnen Seidenkleid, beginnt in bestimmten Situationen, je nach Belichtung, das Volumen durchscheinend, ja fadenscheinig zu werden. Mit einer eigenartigen optischen Taktilität, ohne dass sie echte Spuren hinterließe, zeichnet sich dann die innere Struktur des Gebäudes matt, aber doch deutlich körperlich-plastisch in der Oberfläche des Gebäudes ab. Die horizontal um das Gebäude laufenden Bänder, die die Geschosse markieren, wecken Assoziationen mit jenen dünnen, elastischen Versteifungselementen, die zur Formgebung in das Kleid genäht sind. Verwirrend sind die Assoziationen mit einem seidenen Haute-Couture-Kleid. Man möchte sie im ersten Moment indigniert von sich weisen. Allerdings war es kein Zufall, dass in einem der Schaufenster in den Wochen unmittelbar nach der Eröffnung des Gebäudes ein überlebensgroßes Foto eines seidenen Modellkleides ausgestellt war.

Wie mit einem Mausklick auf der Oberfläche eines Computerbildschirms scheinen die Schaufenster flächig auf der Fassade aufgezogen. Jeder Eindruck von Tiefe wird durch die vielfältigen Spiegelungen eliminiert. So scheint die digitale Computerästhetik unmittelbar in die Phänomenalität und die Sichtbarkeit der Architektur übersetzt. Unsichtbar hingegen bleibt etwas anderes: die geheime Affinität mit dem zenbuddhistischen Nihilismus, mit der Ästhetik des Verschwindens. Ohne Zweifel, Sejima knüpft hier an jene für die japanische Ästhetik so charakteristischen handwerklichen Verfahrensweisen an, in denen das Material so lange bearbeitet wird, bis es nichts mehr von seiner Herkunft verrät, entmaterialisiert ist und jene unverwechselbare transzendentale Erscheinung erhält. Wie bei den wiederholt aufgetragenen Lackschichten der japanischen Lackwaren, die dadurch jene irritierende Tiefe erhalten, bei deren Anblick jeder Gedanke vernichtet wird. Besonders evident tritt dies im Nationalheiligtum Japans hervor, dem Ise-Schrein. Hier wird die Oberfläche des Holzes so lange mit den unterschiedlichsten Techniken bearbeitet, bis das Material seinen spezifischen Holzcharakter verloren hat und als abstrakte Erscheinung übrigbleibt. Sejimas Architektur scheint in dieser Tradition zu stehen, gleichsam in der Übertragung der Prinzipien ins digitale Zeitalter.

Sejimas und Aokis Architektur sind reflektierte, emanzipierte Reaktionen auf die digitale Medienästhetik. Mit der Unbestimmbarkeit der sinnlichen Erscheinung des Materials reagieren sie auf die neue Visualität im Zeitalter der digitalen Computer- und Bildschirmwelten. Das ist aber nur die eine, dem globalen technologischen Wandel zugewandte Seite, dessen dialektischer Gegenpart die Verankerung in der japanischen Tradition ist. In Sejimas und Aokis Architektur geht es keineswegs um den vordergründigen Versuch der Ästhetisierung der neuesten, digitalen Technologien. Aber mit der Technik der virtuellen Materialität gelingt es ihnen, die avancierteste Architekturpraxis an die Tradition der japanischen Ästhetik zurückzubinden. Dahinter steht aber weniger ein formales Anliegen, sondern vielmehr die Reformulierung der Architektur heute im dominanten Anlehnungskontext der neuen digitalen Technologien. Dem liegt die Erkenntnis zugrunde, dass im Zeitalter globaler Technologien kulturelle Differenzierung nicht im nostalgischen Rückgriff auf die Vergangenheit möglich ist, sondern nur dort, wo es gelingt, in den universalen Technologien das jeweils kulturell Eigene zu erkennen und sichtbar zu machen.

Biografische Daten
Bildnachweis
Backlist

Anita Aigner
Geboren 1968 in Niederösterreich.
Assistenzprofessorin am Institut für Kunst und
Gestaltung der TU Wien. Diverse Publikationen
zur Kunst und Architektur(ausbildung) aus
der Perspektive einer selbstreflexiven Soziologie.
Zuletzt (Hg.): *Landschaft vor Augen* (Wien, 2004).
Konzeption und Organisation der Tagung
Oberflächenkontrolle vom 12.–14. Jänner 2006.
In Vorbereitung: Sammelband zum Thema
»Volkskunst« und »Moderne«.

Sabine Bitter, Helmut Weber
Seit 1993 arbeiten die in Vancouver und Wien
lebenden KünstlerInnen an Projekten zu Stadt,
Architektur und Politiken des Raumes und der
Repräsentation; Foto- und Videoarbeiten wie
Caracas, Hecho en Venezuela (1995) und *Differentiated
Neighborhoods of New Belgrade* (2007), verhandeln
Momente und Logiken des globalen urbanen
Wandels, wie sie in Architektur und Alltag zum
Ausdruck kommen; aktuelle Projekte und
Ausstellungen (2008): *»We Declare«: Spaces of
Housing, Vancouver Flying University; Islands &
Ghettos*, Heidelberger Kunstverein, Heidelberg.

Reinhard Braun
Geboren 1964 in Linz. Autor und Kurator; seit 1990
Veröffentlichungen, Vorträge, Forschungsauf-
träge zur Fotografie- und Mediengeschichte und
-theorie; projektorientierte Zusammenarbeit mit
Künstlern im Bereich Medien | Telekommunika-
tion; 1992 Gründungsmitglied der Gruppe HILUS;
1999 Gründung von MiDiHy Productions | Medien.
Theorie. Kunst. Kultur; 2003–2006 Kurator und
Redakteur bei Camera Austria; seit 2007 Kurator
für Bildende Kunst beim Festival *steirischer herbst*;
lebt und arbeitet in Graz.

Oksana Bulgakowa
Geboren 1954. Absolvierung des Moskauer
Institutes für Kinematographie, Promotion an der
Humboldt-Universität, Berlin; war Mitarbeiterin
der Forschungsgruppe Film an der Akademie der
Künste der DDR, wirkte bei den Freunden der
Deutschen Kinemathek | Internationales Forum
des Jungen Films im Geisteswissenschaftlichen
Zentrum, Berlin, als Filmkuratorin der
Ausstellung »Moskau – Berlin, Berlin – Moskau,
1990–1950«; unterrichtete an der Humboldt-
Universität, Berlin, der Freien Universität Berlin,
der Universität Wien und Stanford University.
Professorin der Filmgeschichte | Filmanalyse an
der Internationalen Filmschule, Köln.

Annette Fierro
is an Associate Professor and Associate Chair at the
Department of Architecture at the University of
Pennsylvania in Philadelphia. She currently
teaches design studios and theory seminars
focusing on issues of technology as they appear
within contemporary international architecture
and urban culture. Her current research traces the
network of legacies instigated by the radical
technological speculation of the 1960's in London,
spanning between the moment of Archigram to
the work of the last thirty years of the British "Hi-
Tech." Essays from this research will appear in
Architecture and Violence (Routledge, November
2009), too. *The Glass State: The Technology of the
Spectacle/Paris 1981–1998* (MIT Press, 2003), which
focused on transparency and technology in
François Mitterrand's Grands Projets. Her design
work as project architect has appeared in various
architectural journals, including Assemblage,
Architectural Record, Progressive Architecture,
and Lotus.

Jörg H. Gleiter
Geboren 1960. Prof. Dr.-Ing. habil. M. S., Studium
der Architektur in Berlin, Venedig und New York;
Professor für Ästhetik an der Freien Universität
Bozen, Gastprofessuren in Tokyo, Venedig, Bozen
und Weimar; Herausgeber der Reihe *Architektur-
Denken* (Bielefeld) und der Reihe *Philosophische
Diskurse* (mit Gerhard Schweppenhäuser, Weimar).
Publikationen (Auswahl): *Architektur-theorie heute*
(Bielefeld, 2008); *Architektur* (Berlin, 2008);
*Einfühlung und phänomenologische Reduktion.
Grundlagentexte zu Architektur, Design und Kunst*
(Hg. mit Thomas Friedrich, Münster, 2007);
*Rückkehr des Verdrängten. Zur kritischen Theorie des
Ornaments in der architektonischen Moderne* (Weimar,
2003). Forschungsschwerpunkte: Ästhetik,
Philosophie der Architektur, Ornament,
Kritische Theorie und Friedrich Nietzsche.

Tom Holert
Geboren 1962 in Hamburg. Studium in Hamburg und Paris, in den 1990er-Jahren Redakteur bei *Texte zur Kunst* und *Spex* in Köln; lebt und arbeitet derzeit in Berlin und Wien; Professur für Epistemologie und Methodologie künstlerischer Produktion an der Akademie der bildenden Künste, Wien; Publikationen: *Fliehkraft. Gesellschaft in Bewegung – von Migranten und Touristen* (mit Mark Terkessidis, Köln, 2006); *Marc Camille Chaimowicz – Celebration? Realife* (London | Cambridge MA, 2007); *Regieren im Bildraum* (Berlin, 2008).

Kari Jormakka
Geboren 1959 in Helsinki. Studium der Architektur an der TU Otaniemi und der TU Tampere und der Philosophie an der Universität Helsinki, Diplom in Architektur 1985, Lizenziat der Technologie 1988, Doktor der Philosophie 1991, Habilitation 1993. 1981–1986 tätig als Architekt in finnischen Büros. Seit 1987 eigenes Büro. 1986–1988 wissenschaftlicher Mitarbeiter an der TU Tampere, 1989–1995 Assistant Professor, Ohio State University, 1993–1997 Gastprofessor an der Bauhaus-Universität Weimar, 1996–1998 Assistant Professor, University of Illinois, Chicago. Seit 1998 O.Univ.Prof. für Architekturtheorie an der TU Wien.

Christian Kühn
Geboren 1962 in Wien. Studium an der TU Wien (Dipl.Ing.) und der ETH Zürich (Dr.sc.tech.); Ao.Univ.Prof. am Institut für Architektur und Entwerfen, Abteilung Gebäudelehre und Entwerfen der TU Wien, Studiendekan der Studienrichtung Architektur seit 2008. Vorstand der Österreichischen Architekturstiftung seit 2000. Publikationen u. a. *Das Schöne, das Wahre und das Richtige* (Braunschweig, 1989), *Stilverzicht – Typologie und CAAD als Werkzeuge einer autonomen Architektur* (Braunschweig, 1998). Beiträge für Architektur- & Bauforum, Arch+, Archithese, Daidalos; regelmäßige Kritiken für Die Presse, Wien.

Dörte Kuhlmann
Geboren 1968 in Hoya. Diplom in Architektur, TU Hannover, 1999 Promotion Bauhaus-Universität Weimar. Bis 1997 tätig in verschiedenen Architekturbüros. 2001 Gastprofessur an der University of Illinois, Chicago, seit 2002 Ao.Univ. Prof. für Architekturtheorie an der TU Wien. Publikationen u. a. *Raum, Macht & Differenz, Genderstudien in der Architektur* (Wien, 2003), *Cybertecture* (zusammen mit H. Schimek, Wien, 2001), *Mensch und Natur, Alvar Aalto in Deutschland* (Weimar, 1999), *Lebendige Architektur* (Weimar, 1998).

Maja Lorbek
Studium der Architektur an der TU Graz. Architektin und wissenschaftliche Mitarbeiterin an der Abteilung Wohnbau der TU Wien.

Robert Temel
Ist selbstständiger Forscher, Journalist und Vermittler in den Bereichen Architektur, Stadt und Kulturtheorie. Seit 2003 Vorsitzender des Vorstands der Österreichischen Gesellschaft für Architektur (ÖGFA). Publikationen: *Temporäre Räume, Strategien innovativer Stadtnutzung* (mit Florian Haydn, Basel, 2006), »*Temporärer Urbanismus, Potenziale begrenzter Zeitlichkeit für die Transformation der Städte*«, in: Elke Krasny, Irene Nierhaus (Hrsg.), *Urbanografien, Stadtforschung in Kunst, Architektur und Theorie* (Berlin, 2008).

Christian Teckert
Geboren 1967 in Linz. Arbeitet an der Schnittstelle von Architektur, Urbanismus, Theorie und Kunst in Form von Ausstellungsprojekten, Texten, Publikationen sowie Architektur. Gründungsmitglied von As-if architekten berlinwien und dem Büro für kognitiven Urbanismus; gemeinsam mit Andreas Spiegl Autor der Publikationen *Prospekt* (Köln, 2003) und *Last Minute* (Köln, 2006); mit As-if Realisierung des Museumsneubaus der GfZK Leipzig (2001–2005); Lehraufträge an der TU Graz und an der Akademie der bildenden Künste Wien und seit 2006 Inhaber der Muthesius-Professur für Raum | Konzept an der Muthesius Kunsthochschule Kiel im Bereich Raumstrategien.

Bildnachweis

p. 22: Wohnen am Bednar Park, Baumschlager Eberle, © Baumschlager Eberle
p. 26: Wohnbau Donau City, MVRDV, © MVRDV
pp. 28–29: Wohnbau Vorgartenstraße, Walter Stelzhammer, © Walter Stelzhammer
pp. 30–33: Terrassenhaus Tokiostraße, ARTEC Architekten, © ARTEC Architekten

p. 42: Stadt des Kindes, Wien, © Norbert Mayr
p. 44: Bürgerinitiative Augarten, Wien, © www.baustopp.at
p. 45: Wiener Stadtuhren, © Christian Kühn

pp. 50–63 © Sabine Bitter, Helmut Weber

p. 67: © Christian Teckert
pp. 72–73: © Christian Teckert

p. 79: © Courtesy of National Archives and Records Administration, College Park
p. 83: © Presse- und Informationsdienst der Bundesregierung, 11044 Berlin, Bundesbildstelle – Referat 403
p. 87: aus: *Befreites Wohnen*, 1929, Sigfried Giedeon
p. 93 (oben): Mies van der Rohe, Barcelona-Pavillon, 1929
p. 93 (unten): Jeff Wall Studio, Vancouver
p. 94: © Tom Holert
p. 96: © Ateliers Jean Nouvel
p. 99: © Tom Holert

pp. 104–105: aus: *Eisenstein at works*, © Eisensteins Archive, RU

p. 118: © Annette Fierro
p. 120: © Jenny E. Sabin
p. 123: © Annette Fierro
p. 126: aus: Coult & Kershaws, *Instructional Manuals* "Engineers of Imagination"
p. 127: © Courtesy Archigram Archives
p. 129: © Courtesy Museum of Modern Art | licensed by Scala Art Resource, NY
p. 132: © Annette Fierro
p. 135: © Annette Fierro
p. 137: © Annette Fierro

p. 141: © Jörg Gleiter
p. 145: © Jörg Gleiter
p. 148: © Jörg Gleiter

Trotz intensiver Recherche
konnten die Urheberrechte nicht in jedem Fall zweifelsfrei geklärt werden. Sollten etwaige Rechte bestehen, bitten wir um Mitteilung.

We would be pleased
to hear from any copyright holder who could not be traced.

UmBau 23 2007	EUR 24,00	

Diffus im Fokus
Haare, Schlamm oder Schmutz zum Beispiel.
Focus on Blur
Hair and mud and dirt, for example.

UmBau 22 2005	EUR 10,90	

Wettbewerb! Competition!

UmBau 21 2004	EUR 10,90	

Learning from Calvin Klein

UmBau 20 2003	EUR 10,90	

Morality and Architecture –
Architektur und Gesellschaft

UmBau 19 2002	EUR 10,90	

Diagramme, Typen, Algorithmen

UmBau 18 2001	vergriffen	

Im Sog des Neuen

UmBau 17	2000	EUR 18,90
UmBau 15|16	1997	EUR 18,90
UmBau 14	1993	EUR 13,10
UM BAU 13	1991	EUR 10,20
UM BAU 12	1990	vergriffen
UM BAU 11	1987	vergriffen
UM BAU 10	1986	vergriffen
UM BAU 9	1985	EUR 10,20
UM BAU 8	1984	EUR 8,80
UM BAU 6|7	1983	vergriffen
UM BAU 5	1981	EUR 6,60
UM BAU 4	1981	EUR 6,60
UM BAU 3	1980	vergriffen
UM BAU 2	1980	vergriffen
UM BAU 1	1979	vergriffen

Sonderpublikationen

UmSicht 2 1997	EUR 16,00	

Ernst Beneder – Zugänge

UmSicht 1 1997	EUR 16,00	

Andreas Fellerer, Jiri Vendl –
UnErhörte Entwürfe

Der UmBau erscheint seit 1979 als interdisziplinäre Zeitschrift, die sich nicht auf die zeichnerische und bildliche Präsentation von Architektur beschränkt, sondern Hintergründe und Zusammenhänge sichtbar machen möchte.

Seit der ersten Ausgabe des »UmBau neu« 2001 (UmBau 18) gibt die ÖGFA den UmBau in Kooperation mit dem Institut für Architekturwissenschaften, Abteilung für Architekturtheorie der TU Wien heraus.

Im aktuellen Teil finden sich kondensierte Zustandsberichte: Interviews, Rezensionen, Foto-Essays, Vorschauen auf aktuelle, in Realisierung begriffene Projekte ebenso wie die Nach-Schau an einst renommierten Schauplätzen. Ein Essay-Teil leitet über zur wissenschaftlichen Abteilung, für die ein Beirat verantwortlich ist.

Alle nicht vergriffenen Publikationen sind zu den genannten Preisen zuzüglich Spesenersatz über das Sekretariat der ÖGFA zu beziehen. Von den vergriffenen Heften sind dort zum Selbstkostenpreis plus Spesen Fotokopien erhältlich. Weitere Informationen und Inhalt der Hefte auf unten genannter Webseite unter »Publikationen«.

Im Interesse des Textflusses und der Lesefreundlichkeit werden durchgehend geschlechtsunspezifische Termini verwendet. Die Bezeichnungen wie zum Beispiel Wisssenschafter, Partner usw. beziehen jewuils die weibliche Form mit ein.

ÖGFA
Österreichische Gesellschaft für Architektur
- 1090 Wien | Liechtensteinstraße 46a | 5
 Telefon und Fax (+43-1) 319 77 15
 office@oegfa.at
 www.oegfa.at

Diese Publikation entstand mit Unterstützung des Bundesministeriums für Unterricht, Kunst und Kultur | des Bundesministeriums für Wissenschaft und Forschung | der TU Wien, Fakultät für Architektur und Raumplanung, Institut für Architektur und Entwerfen | der Kammer der Architekten und Ingenieurkonsulenten für Wien, Niederösterreich und Burgenland | der Bundeskammer der Architekten und Ingenieurkonsulenten, Bundessektion Architekten | sowie der Stadt Wien, MA7 – Wissenschafts- und Forschungsförderung.

Wir danken folgenden Personen Joseph Secky und Bernd Hartmann: *Bundesministerium für Unterricht, Kunst und Kultur* | Klaus Semsroth: *Dekan für Architektur und Raumplanung, TU Wien* | Manfred Wolff-Plottegg: *Vorstand des Instituts für Architektur und Entwerfen, TU Wien* | Hubert Christian Ehalt: *Wissenschafts- und Forschungsförderung MA7* | Johann Riegler: A-NULL BAUPHYSIK UND A-NULL BAUSOFTWARE GmbH | Fritz Bogner: *Bogner Edelstahl* | Wolfgang Gleissner, Wolfgang Hammerer und Christoph Stadlhuber: *Bundesimmobilienges.m.b.H* | Winfried Kallinger: *Kallco Projekt* | Herbert Schmied: *Macke Malerbetrieb* | Georg Binder: *proHolz Austria* | Oswald Schmid: *Schindler Aufzüge und Fahrtreppen* | Walter Fryd: *Silent Gliss Austria* | Markus Wiesner: *Wiesner Hager* | Bruna und Elmar Theiss: *Druckerei Theiss* | Dietmar Zojer: *Zumtobel Lighting* | den rund 360 Mitgliedern der Österreichischen Gesellschaft für Architektur.